Ellen und Burkhard Stephan

Wir bestimmen Tiere

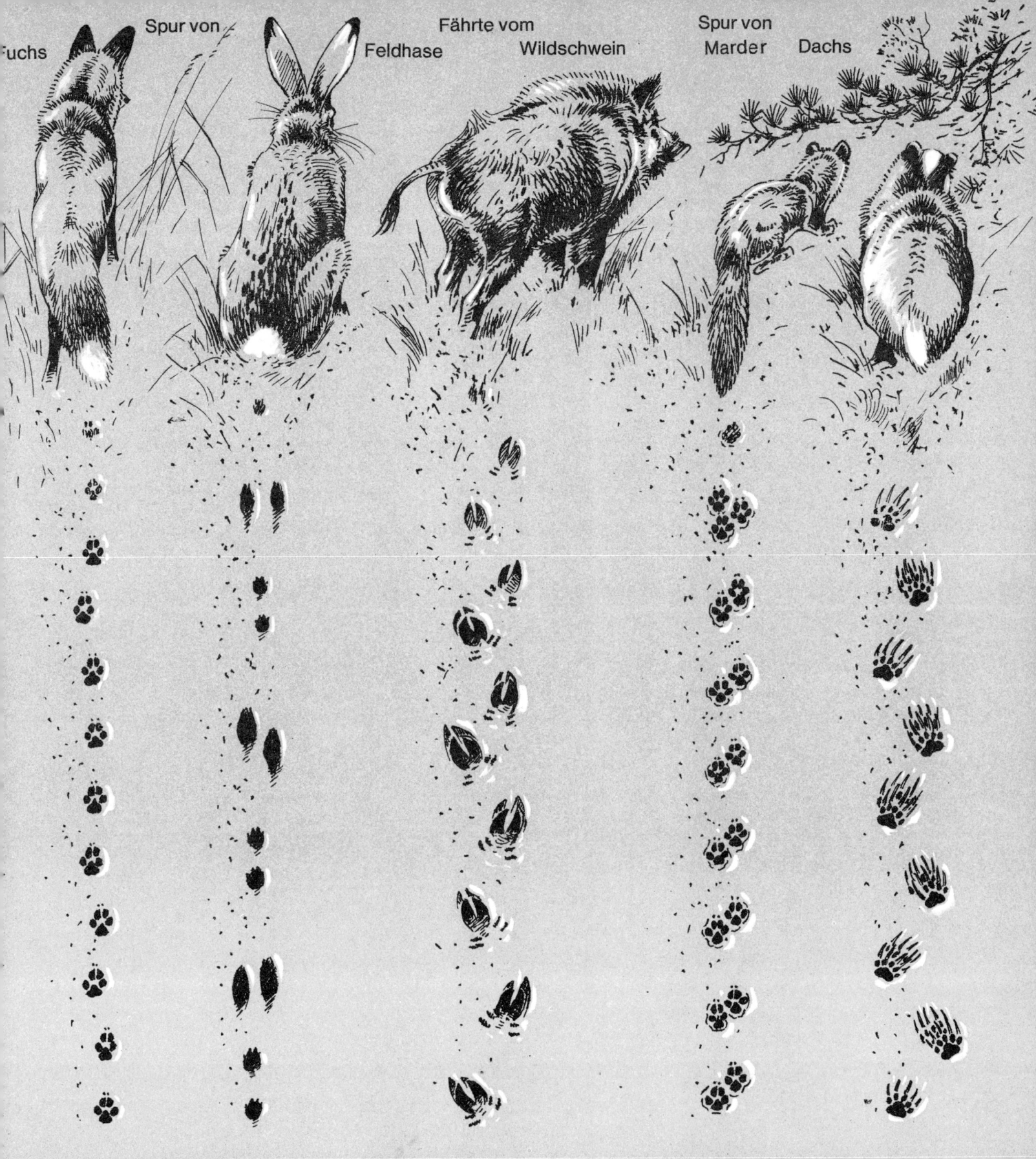

Fuchs Spur von Feldhase Fährte vom Wildschwein Spur von Marder Dachs

Ellen und Burkhard Stephan

Wir bestimmen Tiere

Zeichnungen von Johannes Breitmeier

Der Kinderbuchverlag Berlin

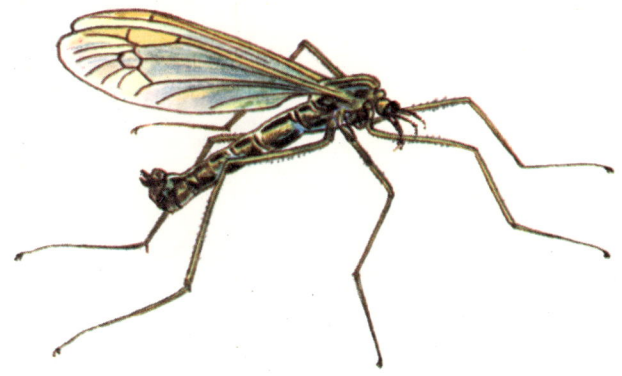

Abb. 1 Die verwandtschaftlichen Beziehungen der Tiere

Reich
(Tiere)

Weichtiere   Ringelwürmer   Gliederfüßer   Wirbeltiere

Stamm
(Wirbeltiere)

Fische   Lurche   Kriechtiere   Vögel   Säugetiere

Klasse (Säugetiere)

Fledermäuse   Nagetiere   Huftiere   Raubtiere

Ordnung (Raubtiere)

Bären   Katzen   Hundeartige

Familie (Hundeartige)

Füchse   Wölfe

Gattung (Wölfe)

Schakal   Wolf

Art (Wolf)

Wolf

Wie bestimmen wir Tiere?

Sicher ist es leicht, eine Maus von einer Amsel zu unterscheiden, die Maus den Säugetieren und die Amsel den Vögeln zuzuordnen. Aber ist nun die Blindschleiche eine Schlange oder eine Eidechse? Und welche Raupe gehört zu welchem Schmetterling? Daß der Tiger mit dem Löwen näher verwandt ist als ein Tiger mit einem Käfer, wissen wir. Doch ist uns auch bekannt, welche Spinnen untereinander näher verwandt sind als mit anderen Spinnen? Und welche Insekten sind die nächsten Verwandten der Ameisen?

Als der Mensch begann, seine Umwelt näher zu erforschen, entdeckte er immer neue Tierformen. Um diese Fülle überschaubar zu machen, versuchte man, die Tiere nach ihrer Ähnlichkeit in Gruppen zusammenzufassen. Wir kennen solche Gruppen: Vögel, Schildkröten, Schmetterlinge, Käfer. Vögel und Schildkröten zählen zu den Wirbeltieren, Schmetterlinge und Käfer dagegen nicht. Vögel und Schildkröten gehören in die eine Gruppe (Wirbeltiere), Schmetterlinge und Käfer in eine andere (Gliedertiere).

Noch hat man längst nicht alle Tiere entdeckt. Und viele sind den Gruppen falsch zugeordnet, weil ihr Körper uns die nächste Verwandtschaft verbirgt. Ziel der Systematik ist es, die Tiere nach ihrer tatsächlichen, nach der entwicklungsgeschichtlich bedingten Verwandtschaft und nicht formal nach irgendwelchen herausgegriffenen Merkmalen zu ordnen, zu klassifizieren. Jedes Tier hat nicht nur eine persönliche, eine Individualentwicklung, es hat ja auch Vorfahren.

Sehr lange hat es gedauert, bis Knochenfische entstanden und sich aus einer bestimmten Gruppe von ihnen die ersten primitiven Lurche entwickelten. Einige Lurche spezialisierten sich zu Fröschen, andere zu Molchen, wieder andere zu urtümlichen Reptilien. Wie vielgestaltig ist die Gruppe der Reptilien. Und sowohl die Vögel als auch die Säugetiere gingen aus Reptilien hervor, zunächst immer urtümliche Formen, bis schließlich eine große Vielfalt an Säugern und Vögeln unsere Erde besiedelte.

Die verwandtschaftlichen Beziehungen zwischen den einzelnen Tieren und Gruppen sollen im System zum Ausdruck kommen, es soll die echte Verwandtschaft widerspiegeln.

Eine *Art* (z. B. Wolf) bildet mit anderen Arten (Schakal und anderen) eine *Gattung*. Zwei oder mehrere Gattungen werden zu *Familien* zusammengefaßt (Hundeartige). Mehrere Familien (Hundeartige, Katzen, Hyänen, Bären und andere) gehören zur *Ordnung* (Raubtiere). Diese bilden mit anderen Ordnungen (Einhufer, Paarhufer, Fledermäuse, Nagetiere und anderen) die *Klasse* (Säugetiere). Mehrere Klassen bilden einen *Stamm* (Säugetiere, Vögel, Reptilien, Lurche, Fische den Stamm der Wirbeltiere). Und die Stämme sind zum *Tierreich* vereint.

Oft genug kommt man mit diesen Kategorien nicht aus. So gibt es noch Überfamilien und Unterfamilien, Überordnungen und Unterordnungen usw.

Wollen wir ein Tier bestimmen, müssen wir anhand der Zeichnungen zunächst den Stamm und die Klasse herausfinden, zu der das Tier gehört. Dort finden wir dann den Bestimmungsschlüssel, der uns bis zur Ordnung führt. Danach kommt die Bestimmung der Familie, anschließend die Bestimmung der Gattung und der Art an die Reihe. Bei ein wenig Übung geht das recht schnell.

Ein Beispiel soll uns zeigen, wie man das macht. Wir haben eine Schnecke mit einem hellen Haus, auf dem deutlich braune Bänder zu sehen sind, gefunden. Also suchen wir im Verzeichnis der Tiernamen (ab Seite 167), auf welcher Seite des Buches wir den Schlüssel zum Bestimmen der Schnecken finden. In diesem Fall ist es die Seite 8. Da wir die Schnecke am Wegesrand gesammelt haben, wählen wir den Bestimmungsschlüssel für Landschnek-ken. Hier stehen unter den Ziffern 1 und 1° sich gegenseitig ausschließende Merkmale: „1 – ohne Gehäuse – 2" und „1° – mit Gehäuse – 4". Nur eine dieser beiden Aussagen kann zutreffen. Unsere Schnecke hat ein Gehäuse. Das bedeutet, daß wir nun bei Ziffer 4 mit der Bestimmung fortfahren müssen: „4 – Gehäuse groß (4 cm), bräunlich – Weinbergschnecke (Abb. 11)". Wir vergleichen die gefundene Schnecke mit der Abbildung 11 auf Seite 10 und stellen fest, der Text und auch die Abbildung treffen auf unser Tier nicht zu. Wir lesen also bei 4° weiter: „4° – Gehäuse kleiner (bis 2 cm) – 5". Nun folgt der Vergleich mit den Aussagen 5 und 5°. Die Aussage 5 und die dazugehörige Abbildung 5 stimmen wiederum nicht mit unserem Tier überein. Also lesen wir den Text von 5° und finden, daß wir am Ziel sind, denn unsere Schnecke besitzt die hier genannten Merkmale und stimmt mit der Abbildung 6 überein.

Wir weisen darauf hin, daß wir nur eine ganz kleine Auswahl treffen konnten. Wir werden also nicht jedes Tier bis zur Art bestimmen können. Wer sich einer Tiergruppe besonders widmen möchte, muß die auf Seite 172 angegebene und in Bibliotheken erhältliche Literatur zu Rate ziehen.

Stamm Weichtiere oder Mollusken

Zu den Weichtieren gehören Schnecken, Muscheln und Tintenfische. Die meisten haben eine sehr feste äußere Kalkschale. Sie wird auf der Rückenseite abgeschieden. Das Tier bleibt dort mit der Schale verbunden. Viele Mollusken kann man nach Merkmalen der Gehäuse bestimmen, weil sie für die einzelnen Arten charakteristisch sind. Das Gehäuse ist meist so fest, daß es lange nach dem Tode der Tiere noch erhalten bleibt. Die Schalenstärke ist sehr unterschiedlich; die größten und dicksten Schalen haben Meeresschnecken und -muscheln.

Die Tiere können sich bei Gefahr ganz in ihre Schale zurückziehen. Die Körperhaut ist weich und schleimig.

Die Atmung erfolgt bei den einzelnen Weichtiergruppen auf unterschiedliche Art und Weise. Muscheln, Wasserschnecken und Tintenfische atmen durch Kiemen. Bei anderen atmet die ganze Haut, und die Lungenschnecken besitzen einfache Lungen.

Weichtiere legen Eier, einige Arten nur wenige, andere Tausende oder sogar einige Millionen. Die Eier werden einfach ins Wasser abgegeben, an Pflanzen oder feste Gegenstände geheftet oder in Gruben abgelegt. Einige Weichtiere betreiben auch Brutpflege. Das Muttertier betreut die Eier, bis die Jungen schlüpfen.

Abb. 2a

Weichtiere

1
Schale besteht aus 2 Klappen – *Muscheln*

1°
Schale meist spiralig aufgewunden, manchmal fehlend – *Schnecken*

Abb. 2b

Klasse Schnecken

Schnecken trifft man überall, auf Wegen, in Gärten, am und im Wasser. Viele tragen auf ihrem Rücken eine Schale. Sie ist meistens spiralig gewunden. Je älter und größer die Schnecke wird, um so größer und weiter wird der Schneckengang der Schale, um so größer das Schneckenhaus.

Die Schale bietet der Schnecke Schutz vor ihren Feinden und anderen schädigenden Einflüssen. Die Schnecke kann sich ganz in ihre Schale zurückziehen.

Die Oberfläche des Schneckenkörpers bedecken viele Rinnen. Die Unterseite ist abgeplattet und bildet die glatte Kriechfläche. Am Vorderende des Körpers erkennt man deutlich den Kopf. An seiner Unterseite befindet sich der Mund. Der Kopf trägt vier oder auch nur zwei Tentakel. Darauf sitzen die Augen.

Aus einer Drüse unterhalb der Mundöffnung wird ständig Schleim in einem breiten Band abgesondert. Das Band dient der Fortbewegung. Die Schnecken gleiten darauf vorwärts wie auf einer Rutschbahn.

Abb. 3a Gehäuse mit Deckel

Abb. 3b Gehäuse ohne Deckel

Schnecken

Wasserschnecken

1	1°
Gehäuse mit Deckel – 2	Gehäuse ohne Deckel – 3
2	2°
Mündung der Schale rund – *Federkiemenschnecken* (Abb. 7)	Mündung der Schale oval bis spitz-oval – *Sumpfdeckelschnecken* (Abb. 3, links)
3	3°
Gehäuse flach tellerförmig – *Tellerschnecken* *Posthornschnecke* (Abb. 9)	Gehäuse spitz – *Schlammschnecken* (Abb. 8)

Landschnecken

1	1°
ohne Gehäuse – 2	mit Gehäuse – 4

2	2°
Rücken gerundet, ohne Kiel, schwarz, rot oder braun, 12–15 cm – *Wegschnecken* (Abb. 10)	Rücken mit Kiel – 3

Abb. 4 Ackerschnecke

3	3°
hellgrau bis bräunlich-grau, oft dunkel gefleckt, groß, 12–15 cm – *Große Egelschnecke*	klein, 3–6 cm, gelblich-weiß bis hellbraun, einfarbig – *Ackerschnecke*
4	4°
Gehäuse groß (4 cm), bräunlich *Weinbergschnecke* (Abb. 11)	Gehäuse kleiner (bis 2 cm) – 5
5	5°
Gehäuse dunkelbraun, Schnecke schwarz – *Baumschnecke*	Gehäuse hell, ungebändert oder mit mehreren dunkelbraunen Bändern, Schnecke hell – *Bänderschnecke* (*Schnirkelschnecke*)

Abb. 5 Baumschnecke

Abb. 6 Bänderschnecke

Familie Sumpfdeckelschnecken

Sumpfdeckelschnecken leben nur im Süßwasser. Ihr Gehäuse hat eine kreisrunde Öffnung, die mit einem ebenso kreisrunden Deckel verschlossen werden kann. Die sehr widerstandsfähigen Schnecken überstehen sogar längeres Einfrieren im Eis. Sumpfdeckelschnecken bringen lebende Junge zur Welt.

Familie Federkiemenschnecken

Man benannte diese Schnecken nach ihren feingliedrigen, hervorstreckbaren Federkiemen, die man beim umherkriechenden Tier gut sehen kann. Diese kleinen, nur wenige Millimeter großen Schnecken sind überall im Süßwasser zu finden.

Abb. 7 Gehäuse von Federkiemenschnecken

Familie Schlammschnecken

Schlammschnecken bewohnen Gewässer mit schlammigem Grund. Sie haben dünne, durchscheinende Schalen.

Zwei Arten von Schlammschnecken, die Sumpfschlammschnecke und die Zwergschlammschnecke, bewohnen vor allem kleinere Gewässer. Trocknen diese Gewässer aus, können die Schnecken vorübergehend auf dem Land leben.

Sie sind Zwischenwirte von parasitischen Saugwürmern, zum Beispiel des Großen

Abb. 8 Gehäuse einer Schlammschnecke

Leberegels. Die erste Larvenform des Großen Leberegels lebt zunächst frei im Wasser. Später dringt sie in eine Schlammschnecke ein, verwandelt sich hier in weitere Entwicklungsstadien, wobei sie sich stark vermehrt. Die letzte Larvengeneration verläßt die Schnecke wieder und kapselt sich an Uferpflanzen ein. Wiederkäuer, wie Rinder, fressen sie mit den Pflanzen, verdauen sie aber nicht. Die Larven dringen bis in die Leber und die Gallenblase ihrer Wirte vor. Bei starkem Befall kann der Volkswirtschaft großer Schaden entstehen.

Familie Tellerschnecken
Art Posthornschnecke

Das dicke, tellerförmige Gehäuse der Posthornschnecke mißt im Durchmesser 3,5 Zentimeter. In ruhigen, pflanzenreichen Gewässern findet man sie oftmals sehr häufig. Wird sie stark belästigt, gibt sie einen Tropfen roten Saft ab. Das ist austretendes Blut.

Abb. 9 Gehäuse einer Posthornschnecke

Abb. 10 Schwarze und Rote Wegschnecke

Familie Wegschnecken

Wegschnecken zählen zu den Nacktschnecken, das heißt, sie haben keine Schale. Es sind langgestreckte Tiere mit stark runzeliger Haut. Nach dem Regen kriechen sie auf Wegen, an Waldrändern und in Hecken herum.

Abb. 11 Eierlegende Weinbergschnecke

Familie Baum- und Heideschnecken
Art Weinbergschnecke
Die hellgraubraune Schale der Weinbergschnecke erreicht einen Durchmesser von 4 Zentimetern. Weinbergschnecken kann

man in Parks, unter Hecken, an Feld- und Wiesenrainen und am Rande von Laub- und Mischwäldern finden. Durch drehende Bewegungen mit dem Vorderkörper stellt die Weinbergschnecke eine kleine Erdgrube her, in die sie 40 bis 60 Eier legt.

Klasse Muscheln

Die Schalen dieser Weichtiere bestehen aus 2 Teilen oder Klappen, die am Rücken miteinander verbunden sind. Die geschlossenen Schalen umschließen den Körper der Muschel völlig.
Auf der Innenseite der Schalen befindet sich das sogenannte Schloß. Das sind Vorsprünge, Zähne, und Vertiefungen in der Schale, die ineinander passen. Sie wirken wie ein Scharnier und verhindern, daß sich die Schalen verschieben. Die Schalenklappen umschließen den eigentlichen Tierkörper. Vorn befindet sich der Mundspalt. Auf der entgegengesetzten Seite liegen die Wasseröffnungen. Durch diese Wasseröffnungen strömt das Atemwasser ein. Die Muscheln atmen durch Kiemen, mit denen sie den Sauerstoff aus dem Wasser auf-

nehmen können. Die Kiemen dienen aber nicht nur zum Atmen, sondern auch der Ernährung. Sie filtern das Atemwasser und sortieren kleinste Nahrungsteilchen aus. Diese leiten sie dann dem Mund zu.

Auf der Bauchseite der Muschel befindet sich der Fuß. Bei der Fortbewegung streckt sie ihn weit nach vorn, läßt ihn dann anschwellen, hält sich mit ihm am Boden fest und zieht sich nach. Wir können uns vorstellen, daß auf diese Weise Muscheln recht wenig beweglich sind. Es gibt auch ganz festsitzende Arten. Bei ihnen ist der Fuß fast völlig zurückgebildet.

Muscheln des Süßwassers

1
Schale dreieckig, Tier festsitzend –
Dreiecksmuschel (Abb. 17)

1°
Schale nicht dreieckig, Tier nicht festsitzend – 2

2
Schale lang, schmal, zungenförmig, 7–10 cm –
Malermuschel (Abb. 15)

2°
Schale eiförmig – 3

3
Schloß ohne Zähne, bis 20 cm –
Teichmuschel (Abb. 16)

3°
Schloß mit Zähnen, bis 6 cm –
Flußmuschel (Abb. 14)

Muscheln des Brackwassers und des Meeres

1
Schale oval bis schiefdreieckig, meist schwarz, ohne Rippen –
Miesmuschel (Abb. 13)

1°
Schale schief-herzförmig, mit Rippen –
Herzmuschel (Abb. 18)

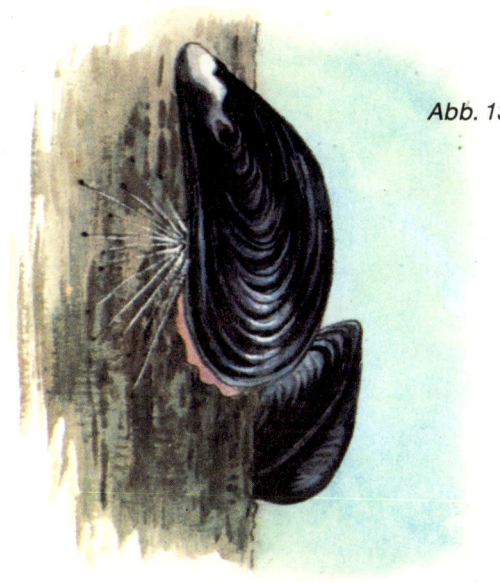

Abb. 13 Schale einer Miesmuschel

Art Miesmuschel

Die blauschwarzen Schalen der Miesmuscheln findet man überall an der Ostsee. Sie ist dort die häufigste Muschelart. An Pfählen, Steinen, an Buhnen und an der

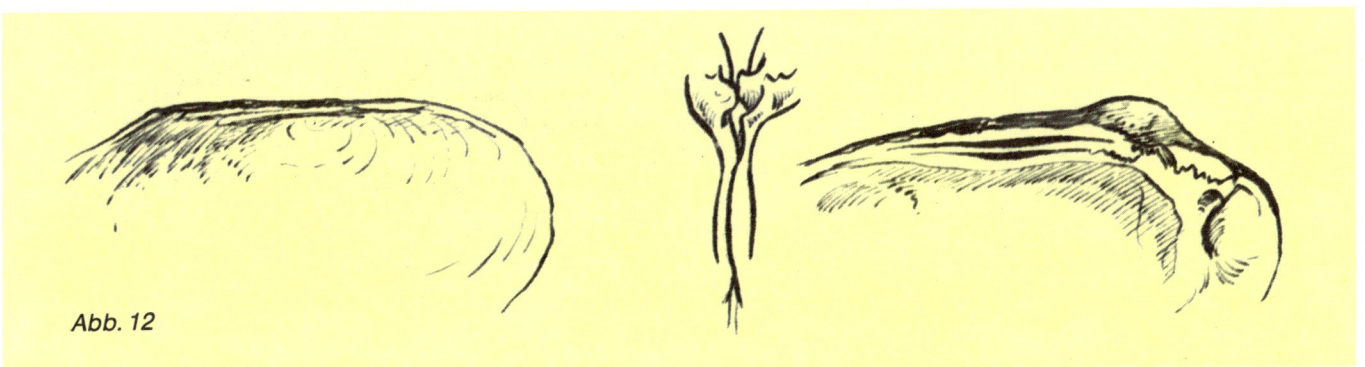

Abb. 12

Abb. 14 Schale einer Flußmuschel

Abb. 15 Schale einer Malermuschel

Unterseite der Boote heftet sie sich fest. An manchen Stellen bildet sie sogar mehrere Schichten übereinander.

Miesmuscheln vermehren sich sehr stark. Ein Tier kann in einem Jahr 5 bis 12 Millionen Eier ins Wasser abgeben.

In vielen Ländern ißt man Miesmuscheln.

Art Flußmuschel

Flußmuscheln leben in Bächen und Flüssen. Sie haben kräftige und gewölbte Schalenklappen und ein Schloß mit kräftigen Zähnen. Gegen Einwirkung von außen sind sie gut geschützt.

Die Flußmuschel und auch die Teichmuschel erfüllen in unseren Gewässern eine wichtige Aufgabe. Sie reinigen das Wasser, indem sie viele Abfallprodukte als Nahrung verwerten. Bringt man eine solche Muschel zum Beispiel in ein verschmutztes und trübes Aquarium, so kann man nach einigen Stunden feststellen, daß das Wasser klar und sauber wird.

Art Malermuschel

Die Malermuschel findet man häufig in Flüssen, Bächen und Teichen, in stark fließendem Wasser kommt sie jedoch nicht vor. Die 7 bis 10 Zentimeter langen und

4 Zentimeter hohen Schalen benutzte man früher als Näpfe zum Anrühren der Wasserfarben. Daher stammt ihr Name.

Die Malermuscheln stecken zu einem Teil im Sand des Untergrundes. Sie schieben sich wie ein Pflug vorwärts und ziehen breite Furchen durch den Sand. Am Ende einer solchen Furche steckt die Muschel im Sand, aber stets so, daß die Wasseröffnungen herausragen.

Art Teichmuschel

Die Teichmuschel kommt nur in ruhigem Wasser vor. Sie hat bis 20 Zentimeter lange breit-ovale Schalen. Diese sind fast zwei Drittel so hoch, wie eine Schale lang ist.

Abb. 16 Schale einer Teichmuschel

Abb. 17 Schale einer Dreiecksmuschel

Die Larven der Teichmuschel hängen sich an die Flossenhaut der Fische an. Dort leben sie als Parasiten, bis sie voll entwickelt sind.

Art Dreiecks- oder Wandermuschel
Die frei schwimmenden Larven der 3 bis 4 Zentimeter großen Dreiecksmuschel werden mit dem Wasser weit flußabwärts gespült. Auf diese Weise kann sich die Wandermuschel rasch ausbreiten. Sie heftet sich an jeden festen Gegenstand, ganz gleich, ob es sich um Steine, Holzteile oder auch um größere Muscheln handelt.
Die Dreiecksmuscheln können in der Wasserwirtschaft großen Schaden anrichten: Sie verstopfen Rohre und Filter von Industrieanlagen. Da die winzigen Larven selbst durch die feinsten Siebe dringen, hat man bisher noch keine Möglichkeit gefunden, sie erfolgreich zu bekämpfen. Die Reinigungskosten, die jährlich für die Beseitigung der Wandermuscheln anfallen, betragen Millionen von Mark.

Art Herzmuschel
Die Herzmuschel ist 3 bis 4 Zentimeter groß. Sie hat einen langen, fingerförmigen und geknickten Fuß. Damit kann sie sich sprin-

gend fortbewegen. Sie stemmt den Fuß gegen den Boden und streckt ihn dann ganz plötzlich mit solcher Kraft, daß sie einige Dutzend Zentimeter weit davonschwebt. An der Ostseeküste findet man diese Muschel häufig.

Abb. 18 Herzmuschel

Stamm Ringel- oder Gliederwürmer

Die Tiere, die zu diesem Stamm gehören, haben einen langgestreckten Körper. Er ist gleichmäßig geringelt, das heißt, er fügt sich aus einer verschieden großen Anzahl einzelner Abschnitte zusammen. Diese Abschnitte heißen Segmente. Man erkennt sie bei allen Ringelwürmern gut. Bei den meisten Tieren dieses Stammes trägt jedes Segment Borsten. Diese dienen hauptsächlich der Fortbewegung.

Ringel- oder Gliederwürmer

1
ohne Saugnäpfe – 2
2
im Wasser lebend – 3

3
frei zwischen Wasserpflanzen lebend, Borsten lang, bildet Tierketten –
Naide

1°
mit Saugnäpfen – 4
2°
im Boden lebend –
Regenwürmer (Abb. 21)
3°
Haarborsten kurz, Kopf im Schlamm, Hinterende schlängelt im Wasser –
Bachröhrenwurm
(Tubifex) (Abb. 22)

4
2 deutlich abgesetzte große Haftscheiben an den Körperenden, die Mundscheibe ist kreisrund –
Fischegel (Abb. 25)
5
Körper abgeflacht, braun oder grünlich, mit gelben oder braunen Flecken, bis 3 cm lang –
Schneckenegel
6
mit 6 roten Längsstreifen –
Medizinischer Blutegel
(Abb. 23)

4°
Mundscheibe nicht oder wenig abgesetzt – 5

5°
Körper nicht abgeflacht, dunkel, 8–10 cm – 6

6°
mit dunklen Punkten –
Pferdeegel (Abb. 24)

Abb. 19 Naide

Abb. 20 Schneckenegel

Klasse Wenigborster

Zu dieser Klasse gehören die Regenwürmer. Bei ihnen liegen die Borsten unter der Haut. Sie sind von außen nicht sichtbar. Aber wir können sie deutlich fühlen, wenn wir zum Beispiel einen Regenwurm vom Hinterende her langsam zwischen Daumen und Zeigefinger hindurchziehen.
Der Kopf ist nur wenig abgesetzt. Die Mund-

öffnung bedeckt ein Kopflappen. Das kann man jedoch nur mit einer Lupe erkennen. Die Wenigborster haben keine Augen und auch keine Fühler. Auf dem Kopflappen befinden sich aber besonders viele Tastsinneszellen.

Wird ein Tier so stark verletzt, daß ein Teil des Körpers abgetrennt wird, kann der fehlende Teil wieder nachwachsen. Es kommt vor, daß die Neubildung nicht normal verläuft. Dann bilden sich zum Beispiel 2 Vorderenden oder auch 2 Hinterenden. Solche Mißbildungen sind gar nicht so selten.

Die Jungen entwickeln sich in einem Kokon. Dieser besteht aus vom Elterntier abgesondertem und erhärtetem Schleim. Erst der fertige Wurm schlüpft.

Die Ringelwürmer haben eine weiche Haut. Um nicht auszutrocknen, halten sie sich an feuchten Orten auf.

Sie nehmen Erde auf, fressen sich also durch den Boden hindurch und verdauen die in der Erde enthaltenen pflanzlichen Stoffe.

Familie Regenwürmer

Die Regenwürmer leben in Gängen in der Erde. Nur nach einem Regen, wenn ihre Gänge mit Wasser gefüllt sind, weichen sie auf die Erdoberfläche aus. Obwohl sie keine Augen haben, nehmen sie doch Licht wahr und versuchen immer, sich schnell wieder ins Dunkle zurückzuziehen.

In der Oberflächenschicht des Erdbodens verlaufen die Gänge der Regenwürmer kreuz und quer. Einige Gänge führen senk-

Abb. 21 Regenwurm

recht in größere Tiefen und erweitern sich am Ende etwas. Dorthin ziehen sich die Regenwürmer bei ungünstigen Witterungsverhältnissen zurück. Sie schützen sich, indem sie sich zusammenringeln.

Die Tätigkeit der Regenwürmer wirkt sich günstig auf die Fruchtbarkeit des Bodens aus; die Erde wird aufgelockert. Das ist wichtig für die Durchlüftung des Bodens. Auch das Wasser kann besser eindringen. Regenwürmer fressen aber nicht nur Erde. Sie ziehen auch Blätter in ihre Röhre. Die Blätter zersetzen sich dort und werden dann gefressen. Ist der Boden mit Laub bedeckt, bemerken wir manchmal, wie sich scheinbar ohne Ursache die Blätter sachte bewegen. Entfernen wir die Blätter, sehen wir den Regenwurm bei seiner Tätigkeit.

Durch ihre Verdauung reichern die Regenwürmer den Boden mit Stoffen an, die seine Fruchtbarkeit erhöhen.

Regenwürmer werden als Versuchstiere benutzt, Fischer und Angler verwenden sie als Köder.

Familie Röhrenwürmer
Art Bachröhrenwurm
Die rötlich gefärbten, 4 bis 8 Zentimeter langen Bachröhrenwürmer leben am Grunde der Süßgewässer. Sie halten sich in der oberen Schlammschicht auf. Hier legen sie kleine Röhren an, die senkrecht im Schlamm verlaufen. Der oberste Teil der Röhre ragt ein Stück über die Schlammschicht hinaus. Das Vorderende des Wurms steckt im Röhrchen, das Hinterende schwingt ständig hin und her.

Abb. 22 Bachröhrenwurm

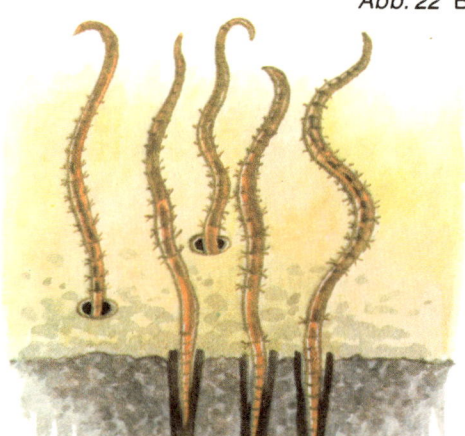

Bachröhrenwürmer findet man besonders oft in stark verschmutzten Gräben und Bächen. Sie sind ein beliebtes Fischfutter. Will man sie fangen, darf man weder das Ufer noch die Wasseroberfläche zu sehr erschüttern, denn die Tiere ziehen sich bei Gefahr sofort in ihre Röhren zurück.
Von Juni bis August befinden sich kleine graue Kokons mit den Eiern im Schlamm.

Im September kriechen die Jungwürmer aus. Der Bachröhrenwurm ist bei den Aquarianern unter der Bezeichnung Tubifex bekannt.

Klasse Egel oder Blutegel

Die meisten Egel leben im Süßwasser, meiden aber schnellfließende Bäche und bevorzugen stehende oder nur langsam fließende Gewässer. Sie haben alle einen Saugnapf am Hinterende, die meisten auch noch einen am Vorderende des Körpers. Dieser umschließt die Mundöffnung.
Die Egel können ihre Gestalt stark verändern, sie können sich zusammenziehen und auch weit ausdehnen. Ihre Bauchseite ist abgeflacht, der Rücken dagegen gewölbt.
Unter den Egeln gibt es Räuber, die verschiedene Wassertiere ganz verschlingen, und Blutsauger, die sich vom Blut der Wirbeltiere ernähren.
Ihre Eier legen sie in Kokons ab. Diese Kokons enthalten eine Flüssigkeit, von der sich die Larven ernähren, bis sie vollständig entwickelt den Kokon verlassen.
Art Medizinischer Blutegel
Dieser Blutegel kann bis 20 Zentimeter lang werden. Es gibt sehr verschieden gefärbte Tiere. Meist sind sie dunkel olivgrün. Über ihren Rücken verlaufen 3 Paar rotbraune Längsstreifen. Die Körperseiten säumt ein leuchtend gelbes Band.
Die Medizinischen Blutegel halten sich in stehenden, reich mit Pflanzen bewachsenen

Abb. 23 Medizinischer Blutegel

Gewässern auf. Sie leben von dem Blut der Säugetiere, die hierher zur Tränke kommen. Die Wellenbewegung im Wasser kündigt den Blutegeln eine Nahrungsquelle an. Sie verlassen ihr Versteck und schwimmen sofort auf die bewegte Stelle zu. Zuerst saugen sie sich mit dem hinteren Saugnapf an. Dann setzen sie den vorderen Saugnapf auf die Haut und beginnen nun, die Haut mit ihren sägeartig, mit kleinen Zähnchen besetzten Kiefern aufzuschneiden, bis Blut austritt. In die Wunde wird ein Saft eingespritzt, der die Blutgerinnung behindert. Deshalb blutet die Wunde auch nach dem Abfallen des Blutegels noch einige Stunden lang nach. Nach einer solchen Blutentnahme kann ein Blutegel mehrere Monate leben, ohne Nahrung aufzunehmen.

Die Medizinischen Blutegel verwendet man, wie ihr Name besagt, in der Medizin.

Art Pferdeegel

In fast allen langsam fließenden Gewässern mit lehmigem Grund lebt der Pferdeegel. Sein Rücken ist bräunlich- oder grünlichschwarz. Rotbraune Längsbänder wie beim Blutegel fehlen. Er wird auch nur 10 Zentimeter lang.

Der Pferdeegel frißt alle Tiere, die er überwältigen kann, und schlingt sie unzerteilt hinunter. An schwülen warmen Tagen verlassen die Egel sogar für kurze Zeit das Wasser. An manchen Stellen sitzen sie dann massenweise auf Wasserpflanzen oder am Ufer.

Art Gemeiner Fischegel

Die Grundfarbe dieses 1 bis 5 Zentimeter langen Egels ist ein helles Grün. Sein Rücken ist dicht mit schwarzen oder rotbraunen Punkten gemustert. Der Fischegel kann sich bis auf seine doppelte Länge ausdehnen.

Ist er hungrig, heftet er sich mit seinem hinteren Saugnapf an einer Wasserpflanze fest und streckt sich steil davon weg. Nun lauert er auf einen vorbeischwimmenden Fisch. Das kann oft tagelang dauern. Schwimmt ein Opfer vorbei, saugt er sich sofort mit seinem vorderen Saugnapf an ihm fest und

Abb. 24 Pferdeegel mit Beute

löst schnell den hinteren Saugnapf von der Unterlage. Er saugt an verschiedenen Körperstellen des Fisches. Oft ist zum Beispiel ein Karpfen von so vielen Fischegeln besetzt, daß er an Blutverlust zugrunde geht. Die Fischegel richten in Fischzuchtteichen große Schäden an.

Abb. 25 Fischegel

Stamm Gliederfüßer

Diesem Tierstamm gehören die meisten auf der Erde lebenden Tiere an. Wir kennen davon zum Beispiel die Klasse der Spinnen, die Klasse der Krebstiere und die Klasse der Insekten.

Die Gliederfüßer tragen einen Panzer, der ihre Körperoberfläche vollkommen bedeckt. Er wirkt als äußeres Skelett, das heißt, an ihm setzen die Muskeln an. Der Panzer ist sehr widerstandsfähig gegen Einflüsse von außen. So bildet er einen hervorragenden Schutz für diese Tiere. Da er aus totem Material, dem Chitin, einer Hornsubstanz, besteht, kann er nicht mitwachsen. Die Gliederfüßer müssen ihn daher wechseln, müssen sich häuten. Das geschieht besonders häufig und regelmäßig während der Jugendentwicklung. Nach dem Häuten ist der neue Panzer noch weich, wird aber an der Luft oder im Wasser rasch fest.

Die Beine tragen den Körper und bestehen aus einzelnen Abschnitten, die durch Gelenke miteinander verbunden sind. Das ermöglicht eine rasche Fortbewegung. Außerdem dienen sie auf vielfältige Weise zum Erwerb der Nahrung, und auch beim Putzen des Körpers werden sie gebraucht. Je nach ihrer Aufgabe sind die Beine verschieden gestaltet. Bei den Zehnfußkrebsen zum Beispiel trägt das vordere Beinpaar Scheren. Die Anzahl der Beine ist in den einzelnen Klassen unterschiedlich, Insek-

ten haben 6, Spinnen 8, Zehnfußkrebse 10, die niederen Krebse noch mehr. Einige Hundert- und Tausendfüßer haben sogar über einhundert Beine.

Die Atmungsorgane der Gliederfüßer sind röhrenförmige Tracheen.

Von den zu diesem Stamm zählenden Tieren können nur die Insekten fliegen.

Klasse Spinnentiere

Zu den Spinnentieren gehören Skorpione, Webespinnen, Afterskorpione, Weberknechte und Milben. Es sind luftatmende Gliederfüßer. Sie haben keine Antennen und auch keine Flügel. Kopf und Brust, miteinander verschmolzen, bilden den einheitlichen Vorderkörper. Daran befinden sich die Gliedmaßen. Der Hinterleib trägt keine Gliedmaßen. Spinnentiere haben 4 Paar Laufbeine. An der Anzahl der Beine erkennt man sie in jedem Fall schnell.

Fast alle Spinnentiere leben räuberisch oder parasitisch. Die Räuber unter den Spinnentieren können ihre Beute jedoch nicht stückweise verzehren, denn ihre Mundöffnung ist sehr klein und kann sich auch nicht ausdehnen. Außerdem besitzen sie keine Kiefer, die zum Kauen geeignet wären und mit denen sie ihre Beute zerstückeln könnten. So müssen sie ihre Nahrung außerhalb des

Mundes verdauen. Dazu schlagen sie eine Wunde in die Beute und speien Verdauungssaft hinein. Nach einer Weile saugen sie den Verdauungssaft mit den darin gelösten Nährstoffen wieder auf. Dieser Vorgang wird so lange wiederholt, bis alle Weichteile des Beutetieres aufgelöst sind.

Viele Spinnentiere besitzen Spinndrüsen.

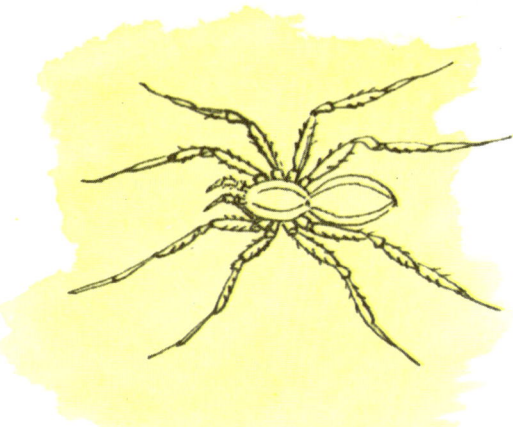

Abb. 26

Spinnentiere

1 Vorderkörper und Hinterleib durch dünnen Stiel verbunden – *Webespinnen*	1° Vorderkörper und Hinterleib stoßen in ganzer Breite aneinander – 2

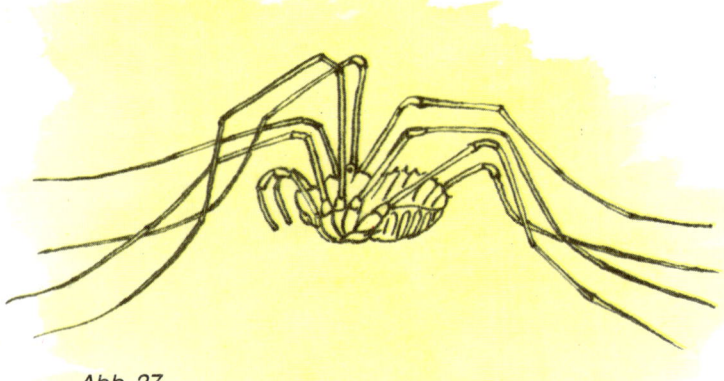

Abb. 27

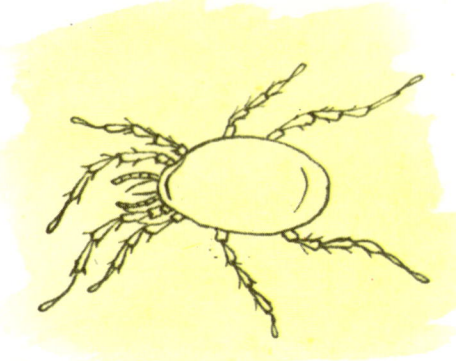

Abb. 28 Milbe

2 Hinterleib gegliedert, mit deutlichen Rücken- und Bauchplatten – 3 (Abb. 27)	2° Hinterleib völlig ungegliedert – *Milben* (Abb. 28, 38)
3 Taster mit deutlichen Scheren – *Afterskorpione* (Abb. 37)	3° Taster ohne Scheren – *Weberknechte* (Abb. 39)

Abb. 29 Kreuzspinne

Netz einer Kreuzspinne

Webespinnen

1 bauen kein Netz – 2	1° bauen ein Netz – 3
2 dunkel aussehend, am Boden umherlaufend, Eikokon am Hinterleib mittragend – *Wolfsspinnen* (Abb. 40)	2° grün und andere Schutzfarbe, lauern mit ausgebreiteten Vorderbeinen an Blüten und Blättern – *Krabbenspinnen* (Abb. 41)

Abb. 30 Trichterspinne

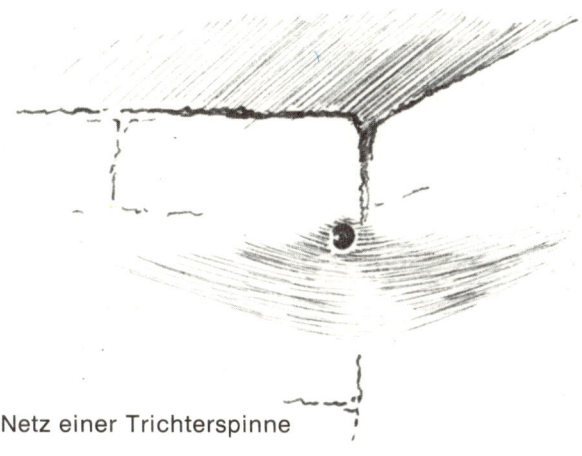

Netz einer Trichterspinne

Abb. 31 Baldachinspinne   Netz einer Baldachinspinne

5
Netz ist eine schwach gewölbte Decke, über der viele Stolperfäden ausgespannt sind, Netze zwischen Zweigen (vor allem in Kiefern- und Fichtenschonungen) – *Baldachinspinnen (Deckennetzspinnen)*

5° Netz ohne Stolperfäden – 6

6
Netz ist eine ebene Decke, von der Klebefäden nach unten zum Erdboden verlaufen – *Haubennetzspinnen (Kugelspinnen)*

6° Netz anders – 7

Abb. 32 Kugelspinne

Netz einer Kugelspinne

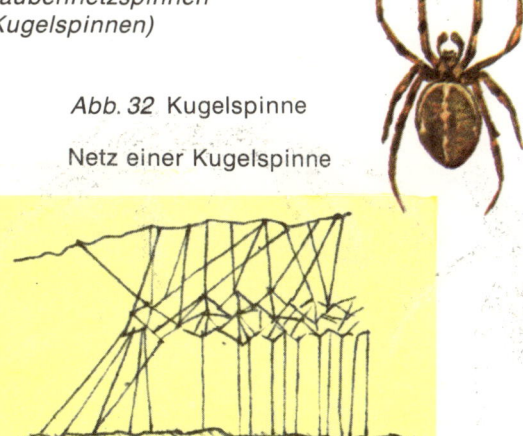

3
bauen Radnetz aus Klebefäden, Spinne hängt kopfunter im Netz oder lauert im Schlupfwinkel – *Radnetzspinnen (Kreuzspinnen)*

3° bauen kein Radnetz – 4

4
Netz ist eine Gewebedecke, die trichterförmig in die Wohnröhre übergeht, hier lauert die Spinne – *Trichterspinne*

4° Netz ohne Trichter – 5

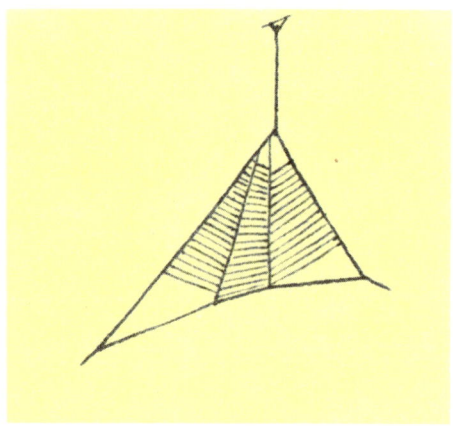

Abb. 33 Dreiecksspinne   Netz einer Dreiecksspinne

Radnetzspinnen (Kreuzspinnen)

1
wespenartig gelbschwarz
gebänderter Hinterleib –
Zebraspinne

1°
anderes auffallendes Farb-
muster, aber selten einem
Kreuz ähnlich –
Eigentliche Kreuzspinnen

7
Netz dreieckig –
*Dreiecksspinne
(Kräuselradnetzspinnen)*

7°
Netz ist ein Gewebe zwi-
schen senkrechten Pflan-
zenstengeln für die Brut,
Spinne streckt 2 vordere
Beinpaare aneinander-
liegend nach vorn –
Raubspinnen

Abb. 35 Zebraspinne und 2 Rückenmuster

Abb. 34 Raubspinne   Raubspinne mit Kokon

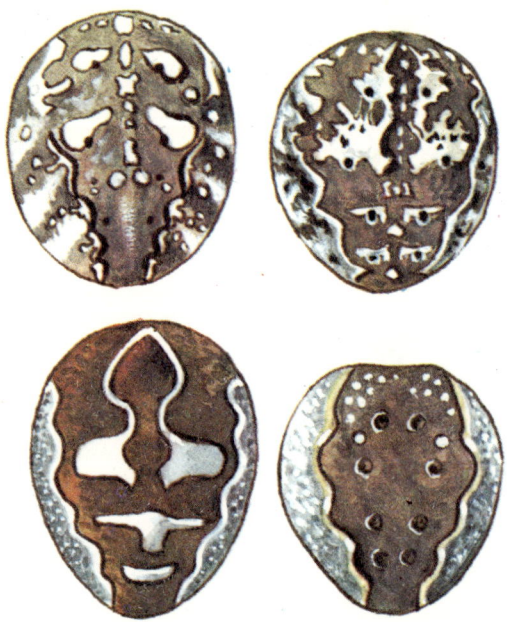

Abb. 36 4 Rückenmuster von Kreuzspinnen

Ordnung Afterskorpione

Art Bücherskorpion

Bücherskorpione kommen in Wohnungen vor, zählen aber nicht zum Ungeziefer. Sie vertilgen Staubläuse und andere kleine Gliedertiere. Der 4,5 Millimeter lange Bücherskorpion hat einen auffällig platten Körper. Er hat 1 Paar langarmige Scheren, die er tastend vor sich her trägt.

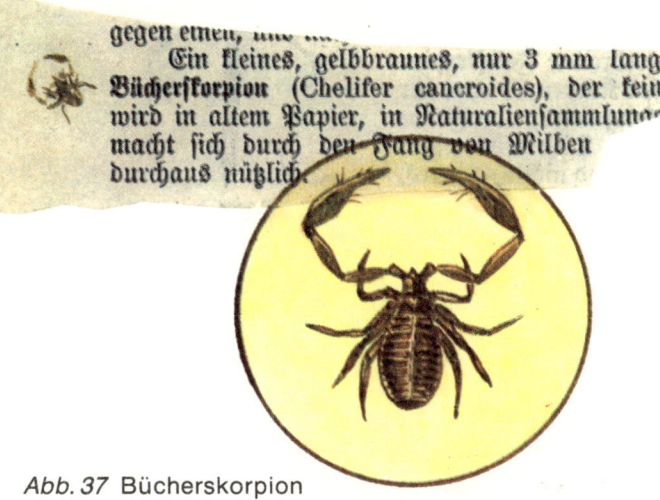

Abb. 37 Bücherskorpion

Das Weibchen des Bücherskorpions bildet an seinem Hinterleib eine Art Beutel aus. Dort hinein legt es 20 bis 40 Eier. Während sich die jungen Bücherskorpione in den Eiern entwickeln, zieht sich das Weibchen in ein selbstgefertigtes Nest zurück. Dazu trägt es kleine Holzsplitter, Nahrungsreste, Sandkörnchen und andere kleine Teilchen zusammen, schichtet sie zu einem ringförmigen Wall auf und verbindet sie durch Spinnfäden miteinander. Danach langt das

Tier mit seinen Scheren über den Wall hinweg nach neuem Baumaterial und baut über sich eine geschlossene Kuppel. Nun wird das Nest innen noch mit weichem Gespinst austapeziert. Das außerordentlich feste und dichte Kuppelnest ist nur etwas größer als der Bücherskorpion selbst. In solchen Nestern werden nicht nur die Jungen aufgezogen, die Tiere überwintern auch darin. Jedes Nest wird nur einmal benutzt.

Ordnung Milben

Milben gibt es in sehr großer Anzahl überall auf der Erde. Sie bewohnen sogar polare Randgebiete und Meerestiefen unter 400 Meter.

Diese Spinnentiere führen nicht alle eine räuberische Lebensweise. Viele fressen Pflanzen und Abfälle oder leben auch parasitisch. Sie treten als Vorrats- und Materialschädlinge auf und erzeugen und übertragen Krankheiten auf Menschen, Tiere und Pflanzen. Die meisten sind ausgesprochen

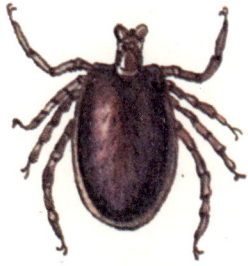

Abb. 38 Holzbock

kleine Tiere von einer Länge zwischen 0,5 bis 2 Millimeter. Dadurch können sie in die engsten Spalten und kleinsten Ritzen eindringen und finden dort noch Möglichkeiten, sich zu ernähren, wo kein größeres Tier hingelangen kann.

Von den parasitisch lebenden Milben begegnet uns am häufigsten der blutsaugende Holzbock.

Wie findet dieser Blutsauger seinen Wirt? Die aus den Eiern geschlüpften Larven streben dem Licht zu. Sie steigen auf die Bäume hinauf, setzen sich an den äußersten Zweigenden fest und lauern auf ein Wirtstier. Durch besondere Sinnesorgane nehmen sie die Erschütterung, die durch das herannahende Tier hervorgerufen wird, und seinen Geruch wahr. Wenn es unter ihnen vorbeiläuft, lassen sie sich herunterfallen und saugen sich fest. Ein Holzbockweibchen wiegt 2,5 Milligramm und ist 4 Millimeter lang. Mit Blut vollgesaugt, beträgt die Länge 10 Millimeter und die Masse 400 Milligramm.

Ordnung Weberknechte

Weberknechte gibt es beinahe überall, wo Pflanzen wachsen. Oft kann man sie auch an den Hauswänden sehen. Ihre Körperlänge beträgt meist 4 bis 8 Millimeter. Die Beine aber sind sehr viel länger. Daran erkennen wir einen Weberknecht sofort. Das zweite Beinpaar, das längste, dient hauptsächlich als Tastorgan. Das können wir bei einem umherlaufenden Weberknecht gut beobachten. Die langen Beine ermöglichen es dem Weberknecht, sich sehr schnell fortzubewegen. Sie brechen jedoch

Abb. 39 Weberknecht

leicht ab. Ein abgebrochenes Bein zuckt noch lange. Das hält wohl den Feind ab, die eigentliche Beute noch weiter zu verfolgen. Die Beine wachsen nicht wieder nach. Wir können häufig Weberknechte sehen, denen 2, 3 oder noch mehr Beine fehlen. Erstaunlich ist, daß sie trotzdem noch schnell und mühelos laufen können.

Weberknechte fressen kleine Insekten, Spinnen und Schnecken. Sie selbst sind Beutetiere von Vögeln und anderen Insektenfressern unter den Wirbeltieren, von Ameisen und Spinnen.

Die Weibchen der Weberknechte haben eine lange Legeröhre. Damit legen sie ihre Eier in die Erde oder in morsches Holz. Ihre Jungen haben zuerst nur kurze Beine und sehen wie Milben aus. Bis zum erwachsenen Tier müssen sie sich mehrfach häuten.

Den Winter verbringen die gegen Kälte sehr widerstandsfähigen Weberknechte in Erd- und Gesteinsspalten oder in Baumstümpfen.

Ordnung Webespinnen

Familie Wolfsspinnen

Die Wolfsspinnen sehen überwiegend dunkel aus. Sie weben keine Netze, sondern jagen ihre Beute, beschleichen sie und überwältigen sie im Sprung. Viele Wolfsspinnen leben in Wassernähe. Sie können geschickt auf der Wasseroberfläche laufen. Bei Gefahr tauchen sie unter.

Abb. 41 Krabbenspinne

Abb. 40 Wolfsspinne mit Kokon

Die Weibchen der Wolfsspinnen spinnen ihre Eikokons an den Spinnwarzen fest und laufen mit ihnen umher. Nachdem die Jungen geschlüpft sind, klettern sie auf den Rücken der Mutter und werden von ihr noch eine ganze Zeit lang mit herumgetragen.

Familie Krabbenspinnen

Krabbenspinnen erkennt man gut an ihren stark seitlich gestellten Beinen. Die beiden hinteren Beinpaare sind deutlich kürzer und zierlicher als die 2 Vorderbeinpaare. Diese Spinnen laufen wie die Krabben sehr schnell seitwärts. Ihre Färbung paßt sich der Umgebung gut an. Manche Arten können sogar die Farbe wechseln.

Die Krabbenspinnen sind meist kleiner als 1 Zentimeter. Sie jagen ihre Beute nicht, sondern lauern den Insekten auf Blüten und

Blättern auf. Hier sitzen sie reglos mit weit ausgebreiteten Vorderbeinen. Nähert sich ein Insekt, packt es die Spinne und tötet es durch einen giftigen Biß. Dabei können auch verhältnismäßig große Tiere überwältigt werden. Eine Art frißt beispielsweise vorwiegend Honigbienen.

Familie Kreuzspinnen

Die Kreuzspinnen bauen große Radnetze, die entweder senkrecht aufgehängt oder horizontal ausgebreitet sind. Jede Spinnenart hat dabei ihre eigene Bauweise. Die Fähigkeit, die Netze in der bestimmten für die Art typischen Weise zu bauen, wird nicht erlernt, sondern ist den jungen Spinnen angeboren. Das Netz enthält neben den geraden Spannfäden spiralig angeordnete Fangfäden mit kleinen Leimtröpfchen, an denen die Beutetiere klebenbleiben. Die Spinne sitzt in der Mitte des Netzes mit dem Kopf nach unten oder lauert in einem Versteck außerhalb des Netzes. Verfängt sich ein Insekt im Netz, kommt die Spinne sofort hinzu.

Abb. 42 Kreuzspinne im Netz

Die jungen Spinnen lassen sich vom Wind mit ihren Spinnfäden treiben. Man sagt zu dieser Zeit, in der das geschieht, Altweibersommer.

Klasse Krebse

Krebse leben fast ausschließlich im Wasser. Ihr Körper unterteilt sich in einzelne Glieder, Segmente: in Kopf, Brust und Hinterleib. Kopf und Brust können miteinander verwachsen sein. Jedes Segment kann

Abb. 43 Bau eines Krebses

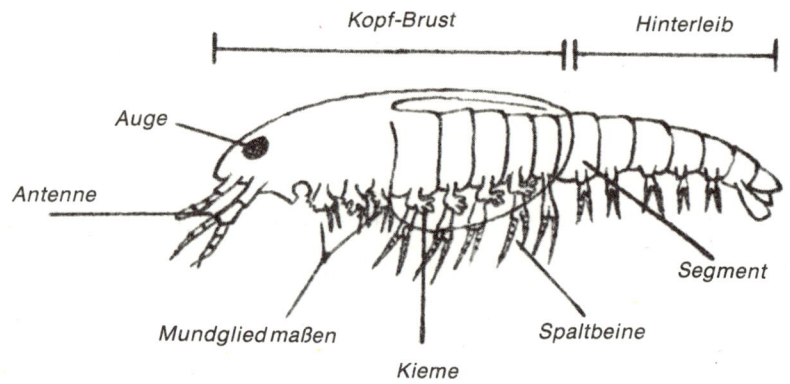

Gliedmaßen tragen, meist besitzen aber nur die Kopf- und Brustsegmente Gliedmaßen. Am Kopf sitzen 2 Paar Antennen, auch Fühler genannt, und 3 Paar Mundgliedmaßen. Die Antennen tragen Sinnesorgane. Bei manchen Arten, zum Beispiel bei den Ruderfußkrebsen, dienen sie als Ruder beim Schwimmen.

Die typischen Gliedmaßen der Krebse sind die Spaltbeine. Bei einigen Arten treten auch Blattbeine auf.

Viele Krebse besitzen einen Rückenpanzer, der sich vom Hinterkopf mehr oder weniger weit nach hinten erstreckt.

Krebse atmen mit Kiemen. Viele kleine Arten haben keine speziellen Atmungsorgane. Bei ihnen atmet die gesamte Hautoberfläche.

Die meisten Krebse betreiben Brutpflege. Sie kleben sich die Eier an die Gliedmaßen und tragen sie mit sich herum. Die geschlüpften Jungen machen erst ein Larvenstadium durch. Während dieser Zeit häuten sie sich mehrfach und verändern ihre Gestalt.

Die kleinen Krebse bilden die Nahrung für sehr viele Wassertiere.

Krebse

1	1°
Brust mit 8, Hinterleib mit 6 Segmenten, vordere Brustsegmente können mit Kopf verschmelzen (Krabben), oft Scheren an den Brustbeinen, niemals mit Blattbeinen, meist größere Tiere – 3	keine bestimmte Segmentzahl – 2

2
festsitzende Tiere –
Seepocken (Abb. 45)

2°
nicht festsitzend, Körper mit
zweiklappiger Schale,
11 Paar Blattbeine und
gestielte Komplexaugen –
Wasserflöhe (Abb. 44)

3
ohne einheitlichen Kopf-
brustpanzer –
Asseln (Abb. 48)

3°
mit einheitlichem Kopf-
brustpanzer – 4

4
Körper langgestreckt,
Hinterleib kräftig, mit
Schwanzfächer –
Flußkrebs (Abb. 46)

4°
Körper breit und von oben
rundlich, Hinterleib
schwach, unter Kopfbrust-
panzer verborgen –
Krabben (Abb. 47)

Abb. 44 Wasserfloh

Ordnung Wasserflöhe

Wasserflöhe sind Krebschen von 1 bis 2 Millimeter Länge. Brust und Hinterleib hüllt eine zweiklappige Schale vollkommen ein, nur der Kopf mit den auffälligen Antennen ragt heraus. Die Antennen tragen Schwimmborsten und dienen als Ruderorgane. Die Wasserflöhe schwimmen durch rasches Schlagen mit diesen Ruderantennen. Unterbrechen die Tiere das Schlagen, sinken sie nach unten, schlagen sie erneut, steigen sie wieder. So entstehen die hüpfenden Bewegungen der Wasserflöhe.

Wasserflöhe häuten sich ihr Leben lang, anfangs in sehr kurzen, später in längeren Zeitabständen.

Ordnung Seepocken

Art Seepocke

Diese kleinen Krebse umgibt ein Gehäuse aus Kalkplatten. Der Durchmesser des Gehäuses beträgt 1 bis 2 Zentimeter. Der Brustabschnitt trägt 6 Spaltbeine mit vielen Borsten. Man nennt sie Rankenfüße. Die Rankenfüße können aus einem Spalt des Gehäuses an der Bauchseite hervorgestreckt werden und strudeln die Nahrungsteilchen herbei. Die frei schwimmenden Larven der Seepocken setzen sich später an toten Gegenständen fest, an denen sie als erwachsene Tiere leben. An Schiffswänden zerstören sie den Schutzanstrich und legen die Stahlwände frei. Das führt zu erheblichen Schäden.

Abb. 45 Seepocken

Ordnung Zehnfußkrebse

Art Flußkrebs

Das vorderste der 5 Laufbeinpaare trägt beim Flußkrebs große Scheren. Der Flußkrebs lebt in langsam fließenden Flüssen, in Bächen, Seen, Teichen und Gräben. Er wohnt in Höhlen, die vollständig unter Wasser liegen. In der Dämmerung und nachts kommt er hervor und sucht Nahrung, Kleintiere, Pflanzen und auch Aas. Die jungen Flußkrebse schlüpfen schon fertig aus dem Ei. Es gibt also keine Larvenform. In der ersten Zeit halten sich die jungen Krebschen an der Mutter fest, werden aber bald selbständig.

Art Wollhandkrabbe

Bei den Krabben mit ihrem verkürzten, runden Körper ist der Hinterleib nach vorn untergeschlagen. Bei der Wollhandkrabbe haben die großen Scheren einen dichten Pelzbesatz. Wollhandkrabben leben nicht nur im Wasser an der Küste, sie wandern

Abb. 47 Wollhandkrabbe

auch die Flüsse hinauf. Man findet sie deshalb auch in Elbe, Havel und Saale. Zum Laichen müssen sie aber wieder ins Salzwasser zurück. Die Wollhandkrabbe gab es nicht immer bei uns, sondern sie wurde Anfang unseres Jahrhunderts aus China bei uns eingeschleppt. Wo sie in Massen auftritt, kann sie großen Schaden anrichten. Im Jugendalter durchwühlt sie Deiche und Dämme an der Küste, schädigt auch die Fischwirtschaft, zerreißt die Netze und frißt die Fische in den Netzen und Reusen an.

Abb. 46 Flußkrebs

Ordnung Asseln

Art Kellerassel

Die häufige Kellerassel, dunkelgrau gefärbt und 18 Millimeter lang, lebt in Kellern, Gärten und Ställen, in Komposthaufen und Gewächshäusern. Nur nachts verläßt sie für kurze Zeit ihr Versteck.

Abb. 48 Kellerassel

Klasse Tausendfüßer

Zu den Tausendfüßern gehören die Hundertfüßer und die Doppelfüßer. An dem langen schmalen Körper erkennt man den Kopf mit den beiden Fühlern deutlich. Der Körper ist gleichmäßig in Segmente gegliedert. Alle Segmente tragen Laufbeine.

Bei den Hundertfüßern hat jedes Segment 1 Paar Beine. Das letzte Paar dient jedoch meist nicht zum Laufen, sondern als Waffe. Es ist stark verlängert, trägt oft kräftige Stacheln oder ist wie eine Zange gestaltet.

Hundertfüßer findet man in Spalten und Ritzen, unter Steinen, unter Baumrinde oder im abgefallenen Laub.

Sie sind Räuber und erbeuten Spinnen und Insekten, die durch einen Biß sofort getötet werden.

Die Doppelfüßer besitzen an jedem Segment 2 Beinpaare. Sie leben im Wald unter altem Laub, unter der Rinde und unter Steinen. Diese langsamen Tiere scheuen Licht und lieben Feuchtigkeit. Ihre Nahrung besteht aus weichen Pflanzenteilen und Pilzen.

Bei Gefahr rollen sie sich zu einer Kugel oder einer Spirale zusammen. Die Beine sind dabei im Innern der Kugel verborgen.

Abb. 49 Doppelfüßer

Tausendfüßer

1	1°
an den Rumpfsegmenten je 2 Beinpaare – *Doppelfüßer*	an den Rumpfsegmenten je 1 Beinpaar (15–109 Beinpaare) – *Hundertfüßer*

Abb. 50 Hundertfüßer

Klasse Insekten

Man kennt bereits etwa 1 Million Insekten-
arten. Das sind Dreiviertel aller Tiere, die es
auf der Erde gibt, und immer werden noch
neue, unbekannte Arten entdeckt.
Insekten heißen auch Kerbtiere. Das deutet
auf die mehr oder weniger deutlichen Ein-
schnitte hin, die Kopf, Brust und Hinterleib
trennen. Insekten haben immer 3 Beinpaare
und meist 2 Paar Flügel. Der Kopf trägt
Augen und Fühler.

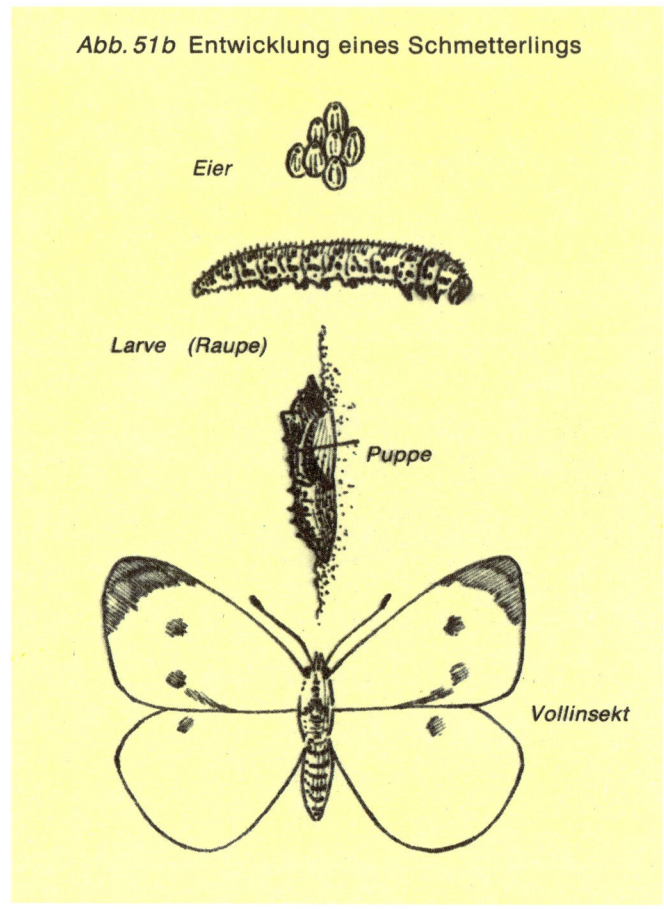

Abb. 51b Entwicklung eines Schmetterlings

Eier

Larve (Raupe)

Puppe

Vollinsekt

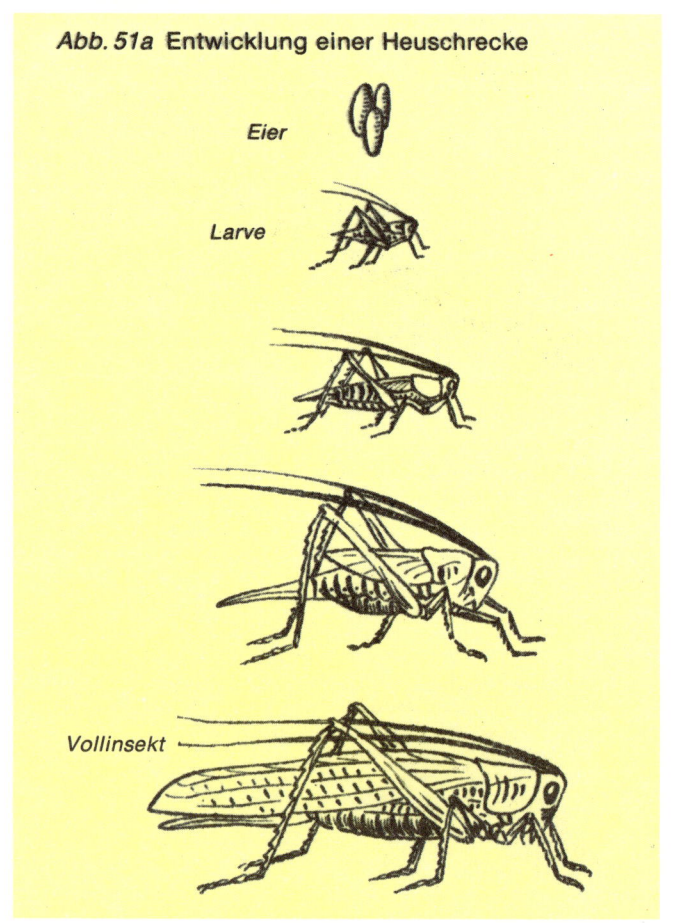

Abb. 51a Entwicklung einer Heuschrecke

Eier

Larve

Vollinsekt

Im Jugendstadium sehen die Insekten völlig
anders aus als erwachsene Tiere. Aus den
Eiern, die meist in großer Anzahl abgelegt
werden, schlüpfen Larven. Wir kennen vor
allem die Larven der Schmetterlinge, die
Raupen. Die Larve wächst nun bis zur
Größe des erwachsenen Insekts heran. In
dieser Zeit muß sie sich mehrfach häuten.
Bei vielen Insekten gibt es dann ein Puppen-
stadium, wobei oft ein Kokon gewebt wird,
in dem sich die Larve verpuppt. Während
dieses äußeren Ruhestadiums gehen in der

Puppenhülle tiefgreifende Veränderungen vor sich. Es entwickelt sich das fertige Insekt. Nachdem es geschlüpft ist, besiedelt es oft einen ganz anderen Lebensraum als die Larve. Meist ist der Lebensabschnitt als erwachsenes Insekt kürzer als das Larvenstadium. Während die Larven des Maikäfers 3 oder 4 Jahre im Erdboden verbringen, lebt das Tier als fertiger Käfer nur einige Wochen. Es legt in dieser Zeit seine Eier ab und stirbt dann. So ist der Kreislauf wieder geschlossen.

Viele Insekten betreiben Brutpflege. Besonders ausgeprägt ist sie zum Beispiel bei Bienen, Wespen und Ameisen.

Die Anpassung der Insekten an ihre Umwelt, die Auseinandersetzungen mit ihren Feinden und vor allem der Beuteerwerb führten zu einer Fülle verschiedener Formen.

Viele Insekten verfügen über Waffen. Denken wir nur einmal an die Stacheln von Bienen und Wespen, die ausschließlich der Verteidigung dienen. Andere Insekten scheiden scharfe, ätzende und übelriechende Tröpfchen ab. Manche Raupen besitzen Gifthaare. Für den Menschen haben die Insekten in mancher Hinsicht größte Bedeutung. So treten Insekten als Krankheitsüberträger, als Schädlinge an Vorräten, in der Land- und Forstwirtschaft auf, aber auch als äußerst nützliche Tiere. Wir brauchen dabei nur an ihre Rolle bei der Bestäubung der Blüten zu denken.

Insekten (ohne Larven und Puppen)

1
Flügel fehlen völlig – 2
2
Körper seitlich zusammengedrückt, kräftige Sprungbeine –
Flöhe

1°
Flügel vorhanden – 4
2°
Körper nicht seitlich zusammengedrückt, ohne Sprungbeine – 3

Abb. 52 Menschenfloh

3
walzenförmiger Körper, zart, 3 lange Schwanzfäden am Hinterleibsende –
Silberfischchen

3°
Hinterleib mit der Brust stielartig verbunden, Wespentaille –
Flügellose Hautflügler (Ameisen)

Abb. 53 Silberfischchen

Abb. 54 Ameise

4
Vorderflügel häutig wie die Hinterflügel, meist glasartig durchsichtig, Hinterflügel manchmal fehlend – 5
5
Rüssel ohne Anhänge – 6
(Abb. 59)

4°
Vorderflügel härter und fester als die zarten Hinterflügel, meist undurchsichtig, Hinterflügel unter Vorderflügeln verborgen – 11
5°
beißende Mundwerkzeuge oder Rüssel mit Anhängen – 8

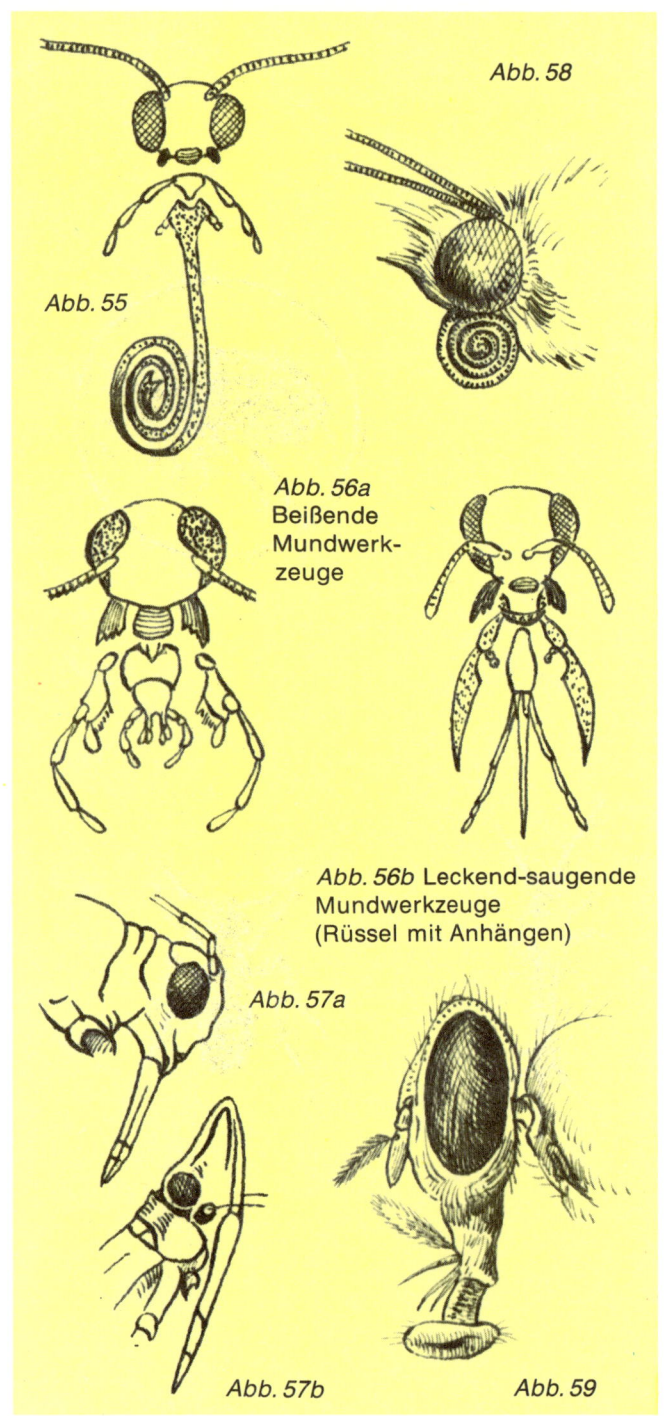

Abb. 58

Abb. 55

Abb. 56a
Beißende
Mundwerk-
zeuge

Abb. 56b Leckend-saugende
Mundwerkzeuge
(Rüssel mit Anhängen)

Abb. 57a

Abb. 57b

Abb. 59

Abb. 60 Keilflecklibelle

6
Rüssel entspringt weit
hinten an der Kopfunter-
seite –
*Blattläuse u. Zikaden
(zu Gleichflüglern)*
7
Rüssel in Ruhe zusam-
mengerollt, Flügel mit
Schuppen bedeckt –
Schmetterlinge
8
Fühler winzig, höchstens
so lang wie der Kopf breit
ist – 9
9
Hinterflügel und Vorder-
flügel gleich groß –
Libellen

6°
Rüssel entspringt vorn an
der Kopfunterseite – 7

(Abb. 58, 59)

7°
Rüssel gerade, kann nicht
zusammengerollt werden –
Zweiflügler

8°
Fühler gut entwickelt, meist
mehrfach länger als der
Kopf – 10
9°
Hinterflügel viel kleiner als
Vorderflügel, 2 oder 3
lange Schwanzfäden –
Eintagsfliegen

Abb. 61 Goldauge (Florfliege)

Abb. 62 Eintagsfliege

11
Vorderflügel nicht völlig verhornt, sondern Spitzenteil mit scharf abgesetzter häutiger Membran – *Wanzen*

12
mit kurzem Saugrüssel – *Wanzen*

13
Hinterleibsende ohne Anhänge – *Käfer*

11°
Vorderflügel vollkommen verhornt, ohne deutlich abgesetzte Membran – 12

12°
mit beißenden Mundwerkzeugen, Kopf manchmal rüsselartig – 13

13°
Hinterleibsende mit paarigen Anhängen – 14

10
Hinterflügel ebenso lang oder fast so lang wie Vorderflügel, oft breiter – *Netzflügler*

10°
Hinterflügel viel kürzer, mit kleinerer Fläche als Vorderflügel – *Hautflügler*

Abb. 63 Hornisse

Abb. 64 Saumwanze

Abb. 65 Laufkäfer

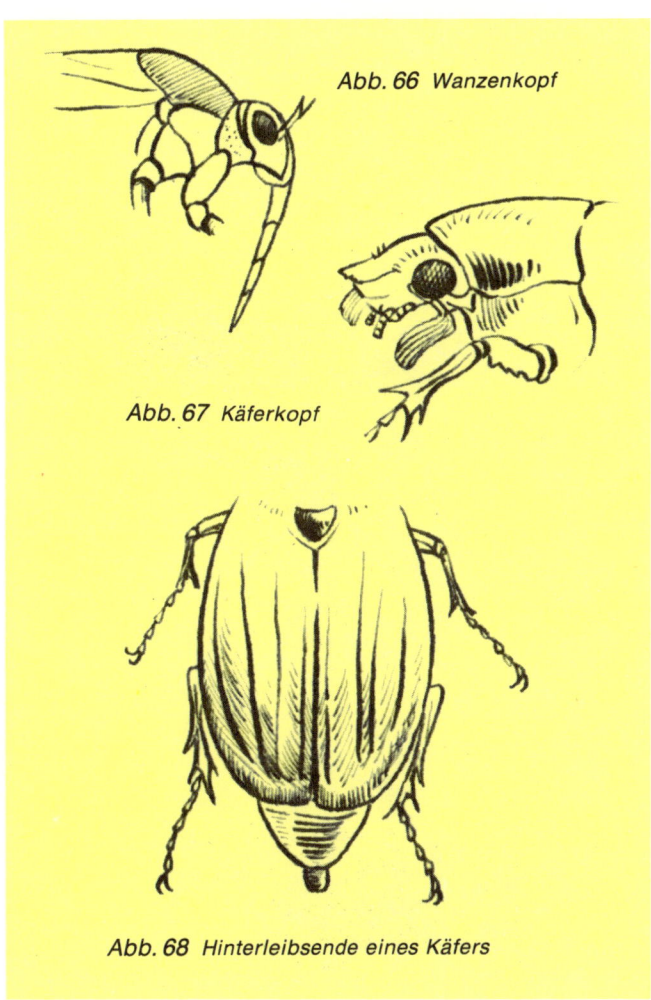

Abb. 66 Wanzenkopf

Abb. 67 Käferkopf

Abb. 68 Hinterleibsende eines Käfers

Abb. 69 Ohrwurm

14 Körper langgestreckt, abgeflacht, am Ende mit 2 kräftigen ungegliederten Zangen – *Ohrwürmer*	**14°** Körper nicht langgestreckt, keine ungegliederten Zangen – 15
15 Körper oval und abgeflacht, Kopf von oben z. T. unter Halsschild verborgen – *Schaben*	**15°** Körper nicht oval und abgeflacht, Kopf nicht unter Halsschild verborgen, mit starken Sprungbeinen – *Heuschrecken*

Abb. 70 Großschabe

Abb. 71
Warzenbeißer ♂

Ordnung Libellen oder Wasserjungfern

Libellen

1
Hinterflügel und Vorderflügel von gleicher Form, Flügel in Ruhestellung nach hinten oben zusammengeklappt oder schräg nach hinten ausgebreitet, Augen weit voneinander entfernt, Körper zart – *Kleinlibellen*

1°
Hinter- und Vorderflügel von verschiedener Form, Flügel in Ruhestellung stets waagerecht ausgebreitet, Körper nicht schlank und zart – *Großlibellen*

Abb. 72 Blauflüglige Prachtlibelle

Abb. 73 Große Königslibelle

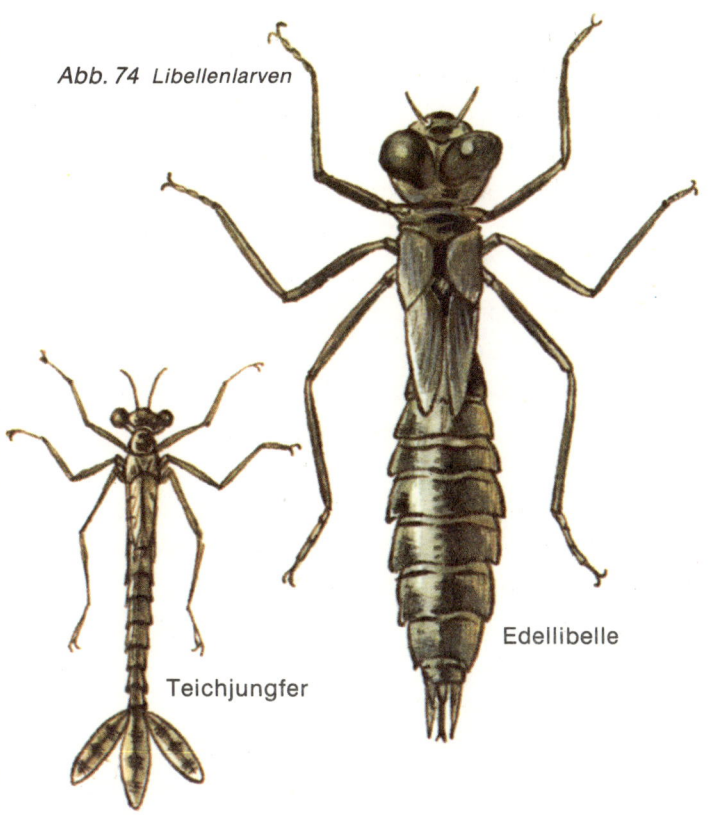

Abb. 74 Libellenlarven

Teichjungfer

Edellibelle

Edellibelle mit Beute

nach 2 bis 6 Wochen, leben ausschließlich im Wasser und ähneln den erwachsenen Tieren nicht. Fast überall im Süßwasser kann man Libellenlarven finden. Am zahlreichsten treffen wir sie in Mooren, Teichen und kleinen Seen. Sie ernähren sich räuberisch wie die erwachsenen Libellen.

Ordnung Heu- oder Springschrecken

Heuschrecken

1
Fühler kürzer als Körper –
*Kurzfühlerschrecken
(Dornschrecken und Feldheuschrecken)* (Abb. 75)

2
häufig grün –
*Laubheuschrecken
(z. B. Großes Heupferd, Sattelschrecken)* (Abb. 77)

1°
Fühler länger als Körper. –
Langfühlerschrecken – 2

2°
niemals grün, sondern schwarzbraun oder gelbbraun –
Grabheuschrecken (Feldgrille, Maulwurfsgrille, Heimchen) (Abb. 76)

Familie Feldheuschrecken

Die Feldheuschrecken gehören zu den Kurzfühlerschrecken, das heißt, ihre Fühler sind kürzer als ihr Körper. Sie fressen ausschließlich Pflanzen. Viele von ihnen ge-

Libellen sind sehr schön gefärbte Insekten mit einem schmalen Leib. Der breiteste Körperteil ist der Kopf mit den sehr großen Augen. Libellen können von allen Insekten am besten sehen. Der Libellenkopf sitzt an einem sehr dünnen Hals und kann nach allen Seiten gedreht werden. Die Fühler sind meist recht kurz.

Die Beine der Libellen dienen nicht dem Laufen, sondern vor allem für den Fang von lebender Beute.

Die Großlibellen fliegen außerordentlich gut.

Die Weibchen legen ihre Eier in lebende oder tote Pflanzen ab oder lassen sie einfach ins Wasser fallen. Die Larven schlüpfen

Abb. 75 Grashüpfer

männlich ♂

weiblich ♀

Familie Grillen

Grillen sind Langfühlerschrecken mit einem walzenförmigen Körper. Die Feldgrille sieht schwarz aus, hat etwa eine Länge von 2 bis 5 Zentimetern und bewohnt Erdbaue. Ihre Wohngänge führen 30 bis 40 Zentimeter tief in den Boden. Hier überwintern die Tiere auch. Jedes Tier hat seine eigene Wohnröhre. Die einzelnen Wohngänge liegen mehrere Meter auseinander.

Eine andere Grillenart ist die gelblichbraune Hausgrille, das Heimchen. Es lebt fast nur in warmen Räumen menschlicher Wohnungen. Dort findet es auch seine Nahrung, alle möglichen Speisereste, Obst und Gemüse.

Familie Laubheuschrecken

Auch die Laubheuschrecken sind Langfühlerschrecken. Zu den am besten bekannten Laubheuschrecken gehört das Große Heupferd. Das grüne Tier wird 3 Zentimeter lang. Im Sommer kann man seinen Gesang

hören zu den größten Schädlingen der Landwirtschaft. Auch die dem Namen nach beinahe jedem bekannten Wanderheuschrecken zählen zu den Feldheuschrecken. Bei uns findet man am häufigsten die Grashüpfer. Ihr Musizieren, sie reiben die Hinterschenkel und die Deckflügel aneinander, hört man auf jeder Wiese.

Feldheuschrecken gibt es in der Größe von 1 bis 10 Zentimetern.

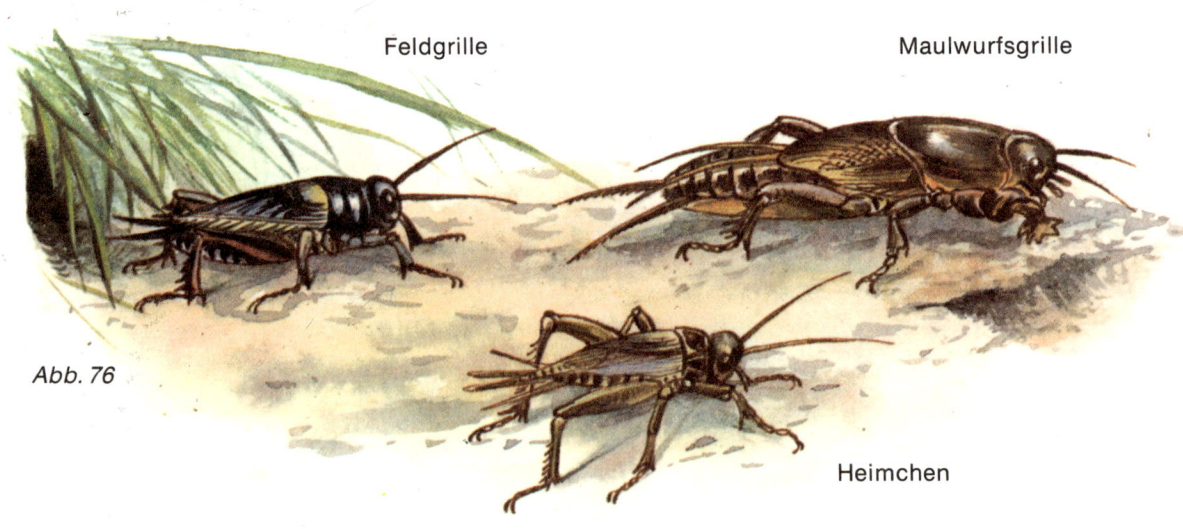

Feldgrille

Maulwurfsgrille

Abb. 76

Heimchen

Abb. 77 Eierlegendes Heupferd

von mittags bis etwa 2 Uhr nachts hören. Am Tage sitzen die Heupferde auf Pflanzen in der Wiese, nachts steigen sie in die am Waldrand stehenden Bäume hinauf. Sie wählen immer wieder denselben Platz, so daß wir sie jeden Abend am gleichen Ort hören können.

Sie fressen kleine Insekten, deren Larven und saftige Pflanzenteile.

Ordnung Ohrwürmer

Die Ohrwürmer sind schlanke, flache, kräftige Tiere. Am häufigsten ist bei uns der Gemeine Ohrwurm, mit einer Länge von 1 bis 1,5 Zentimetern, einem kastanienbraunen Leib, einem rostroten Kopf und gelben Beinen. Am Kopf erkennen wir 2 schnurförmige Fühler, die etwa die Hälfte der Körperlänge betragen. Darauf befinden sich viele Tastsinneszellen, denn diese Dämmerungs- und Nachttiere erkennen ihre Umgebung hauptsächlich durch den Tastsinn. Tagsüber halten sie sich unter Steinen, Rinde und anderen Gegenständen verborgen. Nicht selten können wir an solchen Stellen eine große Anzahl schlafender Tiere finden.

Am Hinterende des Hinterleibes befindet sich eine gebogene Zange, die bei den Männchen größer ausgebildet ist als bei den Weibchen.

Die Nahrung des Gemeinen Ohrwurms, eines Allesfressers, besteht sowohl aus zarten Pflanzenteilen, besonders aus Blüten, als auch aus geschwächten oder toten Insekten.

Das Weibchen legt in seiner 5 bis 15 Zentimeter tiefen Wohnröhre 20 bis 80 Eier auf einem Haufen ab. Es bewacht und pflegt die Eier, wendet und beleckt sie und schützt auch die geschlüpften Larven so lange, bis diese selbständig sind. Danach stirbt es.

Abb. 78 Ohrwurm

Ordnung Wanzen

Wanzen

1	1°
nur auf dem Lande – *Landwanzen*	im Wasser, auf dem Wasser oder am Wasser – 2

2
Fühler sehr kurz, von oben nicht zu sehen. Im Wasser, manchmal an Land und fliegend –
Wasserwanzen

2°
Fühler lang, gut sichtbar, auf dem Wasser oder am Ufer –
Wasserliebende Landwanzen

Wasserwanzen

1
Hinterleib mit langer Atemröhre, Hinterleib ohne Schwimmborsten –
Skorpionwanzen

2
auf dem Rücken schwimmend –
Rückenschwimmer (Abb. 85)

1°
Hinterleib ohne lange Atemröhre, Hinterleib mit Schwimmborsten – 2

2°
nicht auf dem Rücken schwimmend –
Ruderwanzen (Abb. 84)

Skorpionwanzen

1
Körper länglich, oval –
Wasserskorpion (Abb. 86)

1°
Körper langgestreckt, dünn –
Stabwanze (Abb. 86)

Wasserliebende Landwanzen

1
Bewegung ruckartig, Rumpf nicht nadeldünn –
Wasserläufer (Abb. 83)

1°
Bewegung nicht ruckartig, Rumpf nadeldünn –
Teichläufer

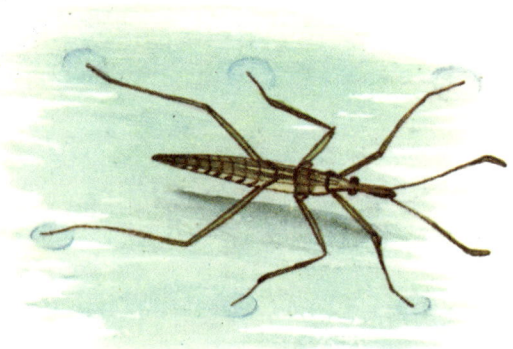

Abb. 79 Teichläufer

Landwanzen

1
auffallend rotschwarze oder gelbschwarze Tiere, vorwiegend am Boden –
Feuerwanzen (Abb. 82)
2
Fühler mit 5 Gliedern, gedrungener und breiter Körper –
Baum- oder Schildwanzen

1°
braun und grün gefärbte Tiere, vorwiegend auf Pflanzen – 2
2°
Fühler mit 4 Gliedern, seitliche Ränder des Hinterleibes deutlich verbreitert und etwas aufwärts gebogen –
Rand- oder Lederwanzen

Abb. 80
Baumwanze

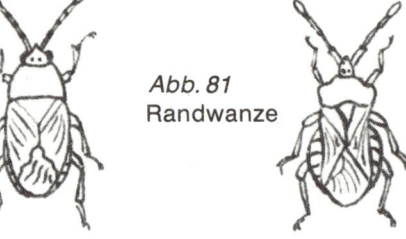

Abb. 81
Randwanze

Familie Feuerwanzen

Besonders unter Linden treffen wir die auffällig schwarzrot gefärbten Feuerwanzen an. Sie gehören zur Gruppe der Landwanzen. Feuerwanzen ernähren sich von Saft, den sie aus den Samen der Linden gewinnen. Wenn wir uns die Tiere näher ansehen, entdecken wir, daß bei ihnen die Flügel unterschiedlich ausgebildet sind. Manche Tiere haben voll entwickelte Vorder- und Hinterflügel, bei anderen fehlen zum Beispiel die Hinterflügel.
Die Eier werden in kleinen Häufchen in die lockere Erde gelegt.

Abb. 82 Feuerwanze

Abb. 83 Wasserläufer

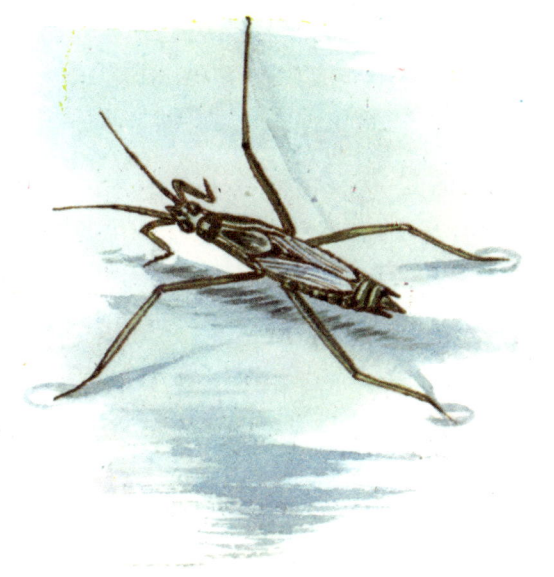

Familie Wasserläufer

Die Wasserläufer gehören zu den Landwanzen, die sich außer bei der Winterruhe oder bei Unwetter, wo sie sich auf dem Lande verkriechen, ausschließlich auf der Wasseroberfläche aufhalten. Sie sind etwa 1 Zentimeter lang und haben einen vorn und hinten spitzen, dunklen Körper. Das zweite Beinpaar ist bei ihnen das längste. Sie stellen es meist recht weit seitlich auf. Die Beine und auch der ganze Unterkörper tragen viele feine Härchen. So sinken die Tiere auf der Wasseroberfläche nicht ein. Die langen Mittelbeine benutzen sie als Ruder. Mit einem Schlag können sie bis 1 Meter weit fortschießen. Sie bewegen sich sehr geschwind, und es ist beinahe unmöglich, sie zu fangen, weil sie auch ganz plötzlich die Richtung ändern können.

Familie Ruderwanzen

Ruderwanzen sind Wasserwanzen, sehr geschickte Schwimmer und gleichzeitig auch gute Flieger. Ihre Körperform ähnelt einem flachen Boot. An allen Gewässern können wir Ruderwanzen finden. Sie halten sich hauptsächlich am Grunde der Gewässer auf, wo sie sich an Pflanzen festhalten, weil ihr Körper leichter als Wasser ist. Wenn sie loslassen, treiben sie an die Oberfläche, denn sie tragen an ihrem dichtbehaarten Hinterleib Luft. Wir bemerken diese Luft als silbrige Hülle. Auf diese Weise können die Ruderwanzen eine Zeitlang unter Wasser atmen. Dann müssen sie jedoch wieder an die Wasseroberfläche, um neuen Luftvorrat aufzunehmen.

Abb. 84 Ruderwanze

Familie Rückenschwimmer

Rückenschwimmer ähneln in Größe und Gestalt den Ruderwanzen. Aber wir erkennen sie sofort, weil sie mit dem Rücken nach unten schwimmen. Auch sie tragen ständig einen Vorrat von Atemluft mit sich herum. Die Luft befindet sich bei den Rückenschwimmern an den Bauchseiten.
Sie fressen alles, was sie nur erbeuten können. Manchmal, wenn sie in Massen auf-

Abb. 85
Rückenschwimmer

zen und auf dem Grunde stehender oder langsam fließender Gewässer auf. Hier kriechen sie träge umher und lauern ihrer Beute auf, die sie mit ihren kräftigen Vorderbeinen packen. Ihren Namen verdanken sie dem langen dünnen Atemrohr an ihrer Hinterleibsspitze. Dieses Atemrohr stecken sie von Zeit zu Zeit aus dem Wasser und nehmen damit Luft auf. Stechen können sie damit nicht, wohl aber mit ihrem Rüssel.

Zwei ganz verschieden aussehende Vertreter dieser Familie leben in unseren Gewässern, der etwa 2 Zentimeter lange Wasserskorpion mit breitem abgeplattetem Körper und die Stabwanze, die langgestreckt und stabförmig ist.

treten, richten sie in Fischzuchtteichen großen Schaden an, weil sie auch die Fischbrut fressen. Wenn wir Rückenschwimmer in die Hand nehmen wollen, sollten wir vorsichtig sein; sie stechen recht schmerzhaft.

Familie Skorpionwanzen

Diese Wasserwanzen führen eine ganz andere Lebensweise als die Rückenschwimmer. Sie halten sich zwischen Wasserpflan-

geflügelt

Abb. 87 Blattlaus

ungeflügelt

Abb. 86 Wasserskorpion   Stabwanze

Ordnung Gleichflügler

Wir erkennen die Gleichflügler vor allem daran, daß ihr Rüssel weit hinten unten am Kopf sitzt. Damit saugen sie Pflanzensäfte auf. Die Blattläuse, kleine, etwa bis 3 Millimeter lange geflügelte oder ungeflügelte Tiere, gehören zu dieser Ordnung. Meistens sitzen sie in großer Anzahl still an den Pflanzen und saugen. Blattläuse kommen überall an Pflanzen vor. Sie richten große Schäden an sehr vielen Kulturpflanzen an. Wir entdecken sie zum Beispiel beim Putzen von Kohlköpfen. Auch Zimmerpflanzen befallen sie. In Gärtnereien und in der Landwirtschaft erfordern die Blattläuse eine kostspielige Bekämpfung. Nicht selten sieht man Ameisen zusammen mit den Blattläusen. Die Ameisen lecken die süßen Ausscheidungen der Blattläuse auf.

Ordnung Käfer

Käfer

1
stark verkürzte Flügeldecken, fast den ganzen Hinterleib freilassend – 2

1°
Flügeldecken nicht verkürzt – 3

2
groß, gedrungener Leib, metallisch blau –
Ölkäfer

2°
anders gefärbt, schlank –
Kurzflügler

3
sehr lange Fühler mit knotigen Verdickungen –
Bockkäfer (Abb. 103)

3°
Fühler kürzer, ohne knotige Verdickungen – 4

4
Kopf rüsselartig verlängert
Rüsselkäfer (Abb. 107)

4°
Kopf nicht rüsselartig verlängert – 5

Abb. 88 Ölkäfer

Abb. 89 Großer Kurzflügler

5
halbkugelförmig, bunt, – rot oder gelb mit schwarzen Punkten oder schwarz mit gelben oder roten Zeichnungen, klein –
Marienkäfer (Abb. 98)

5°
anders gefärbt – 6

6
kurz, gedrungen, hochgewölbt, auffällig gefärbt –
Blattkäfer (Abb. 104)

6°
nicht kurz und gedrungen, nicht hochgewölbt – 7

7
langgestreckt, schmal, auf dem Rücken liegender Käfer schnellt in die Höhe –
Schnellkäfer (Abb. 99)

7°
Käfer schnellen nicht aus der Rückenlage – 8

8
rotgelbe und schwarze Querbänder –
Totengräber (Aaskäfer)

8°
nicht so gefärbt – 9

Abb. 90 Totengräber

9
plumpe Käfer, gedrungene Gestalt –
Blatthornkäfer (Abb. 101)

9°
schlanker oder ovaler, abgeflachter Körper – 10

10
schlanker Körper mit langen Laufbeinen – 11

10°
ovaler, abgeflachter Körper, verbreiterte Beine mit Schwimmborsten – 12

Flügeldecken metallisch grün oder braun mit weißlichen Querbinden oder Flecken, kurzer Flug und rascher Lauf wechseln – *Sandlaufkäfer* (Abb. 94)

12
Flügeldecken mit breitem gelbem Rand – *Gelbrandkäfer (Schwimmkäfer)* (Abb. 96)

11°
Flügeldecken grün, blau, schwarzbraun, oft mit Metallglanz, aber ohne weißliche Querbänder und Flecken – *Laufkäfer* (Abb. 95)

12°
Flügeldecken ohne breiten gelben Rand – *Kolbenwasserkäfer (Wasserkäfer)* (Abb. 97)

Abb. 91 Rosenkäfer

Blatthornkäfer

1
goldgrün glänzend – *Rosenkäfer*

2
stahlblau glänzend – *Mistkäfer* (Abb. 102)

3
Oberkiefer geweihartig (beim Weibchen nur schwach) – *Hirschkäfer* (Abb. 100)

4
Flügeldecken dunkelbraun, Kopf und Brustschild schwarz, groß – *Maikäfer* (Abb. 101)

5
einfarbig hellbraun gefärbt – *Junikäfer*

1°
nicht goldgrün glänzend – 2

2°
nicht stahlblau glänzend – 3

3°
Oberkiefer nicht geweihartig – 4

4°
anders gefärbt, kleiner – 5

5°
Flügeldecken braun, Kopf und Halsschild metallisch grün oder blau, klein – *Julikäfer*

Abb. 92 Junikäfer

Abb. 93 Julikäfer

Familie Sandlaufkäfer

Die Sandlaufkäfer fliegen oft im Sonnenschein, aber nur in geringer Höhe. Bei trübem Wetter sitzen sie zwischen Gräsern oder im abgefallenen Laub. In blitzschnellem Lauf jagen sie ihre Beute, Raupen, Fliegenmaden, Spinnen und Würmer.

Ihre Larven sitzen in röhrenförmigen Erdbauen am Eingang und lauern auf Beute. Sie können nicht auf dem Erdboden laufen.

Käfer und Larven sind sehr empfindlich gegenüber Bodenerschütterungen. Will man sie fangen, muß man ganz behutsam auftreten.

Larve

Abb. 94 Sandläufer

Familie Laufkäfer

Laufkäfer bevorzugen vorwiegend Plätze in Wäldern, Wiesen, Feldern und Gärten. Am Tage halten sie sich in Erdverstecken auf. Erst in der Dämmerung und nachts kommen sie hervor. Sie fressen lebende Kleintiere, frisches Aas, auch Pflanzenteile oder Samen. Dadurch können sie schädlich werden wie zum Beispiel der Getreidelaufkäfer.

Die Eier werden in kleinen Erdhöhlen nahe der Oberfläche abgelegt.

Abb. 96 Gelbrandkäfer

Larve

Getreidelaufkäfer

Abb. 95 Goldschmied

Familie Echte Schwimmkäfer

Zu dieser Familie gehört der Gelbrandkäfer, ein 3,5 Zentimeter langer dunkler Käfer mit gelbem Rand. Er lebt räuberisch in Flüssen, Bächen, Tümpeln und Teichen; auch seine Larven sind Räuber. Sie fressen alles, was sie nur überwältigen können: Larven, Würmer, Kaulquappen und selbst kleine Fische. An das Leben im Wasser sind die Gelbrandkäfer gut angepaßt. Ihre Körperform setzt

Larve

dem Wasser nur geringen Widerstand entgegen, die hinteren Beine sind flach und haben einen Saum von Schwimmborsten. Sie dienen als Ruder. Die Gelbrandkäfer fliegen auch gut. Nachts steigen sie aus dem Wasser, nachdem sie sich durch Abgeben von Wasser und überschüssiger Nahrung leichter gemacht haben. Beim Wiedereintauchen ins Wasser müssen sie erst Wasser aufnehmen, um nicht wie ein Kork an der Oberfläche zu treiben.

Familie Kolbenwasserkäfer

Der Große Kolbenwasserkäfer zählt zu den größten Käfern unserer Heimat. Er ist 4 bis 5 Zentimeter lang und glänzend schwarz. Kolbenwasserkäfer müssen wie die Schwimmkäfer immer wieder an die Wasseroberfläche, um Luft aufzunehmen. Für seine Eier baut der Kolbenwasserkäfer kleine Schiffchen. Er beginnt, unter einem schwimmenden Blatt ein Gespinst zu weben. Daraus fertigt er eine Art Tasche, in die er dann in Reihen nebeneinander etwa 50 Eier

Schiffchen für Eier

Abb. 97 Kolbenwasserkäfer

legt. Danach spinnt er den Kokon zu Ende. Das entstandene Schiffchen endet in einem in die Luft ragenden „Schornstein" am Blattrand. Das Schiffchen, zu dessen Herstellung der Kolbenwasserkäfer 3 bis 5 Stunden braucht, schwimmt auf dem Wasser und steht durch den „Schornstein" mit der Außenwelt in Verbindung.

Man hat den Kolbenwasserkäfer früher stark verfolgt, weil angenommen wurde, daß er Fischbrut frißt. Er ernährt sich aber vorwiegend von Wasserpflanzen. Heute steht der Kolbenwasserkäfer bei uns unter Naturschutz.

Familie Marienkäfer

Am bekanntesten sind aus dieser Familie der Siebenpunkt und der Zweipunkt. Aber es gibt bei uns etwa 70 verschiedene Arten von Marienkäfern, die bis zu 0,5 Zentimeter lang werden und eine halbkugelförmige Gestalt haben. Bunt gefärbt, rot oder gelb mit schwarzen Punkten oder schwarz mit gelben und roten Punkten, sehen sie hübsch aus und sind überall beliebt. Daß sie außerdem zu den nützlichen Tieren zählen, ist weniger bekannt. Sie und ihre Larven vertilgen nämlich Blattläuse in großer Anzahl. Das läßt sich in jedem Garten leicht beobachten. Wir sollten deshalb alle Marienkäfer schonen und schützen.

Familie Schnellkäfer

Legt man einen Schnellkäfer auf den Rükken, so wird er nach kurzer Zeit mit einem knipsenden Geräusch etwa 20 bis 30 Zentimeter in die Höhe schnellen und wieder auf die Beine fallen.

Schnellkäfer leben auf Gräsern, Kräutern und Sträuchern. Sie ernähren sich dort von

Larve

Abb. 98 Siebenpunkt

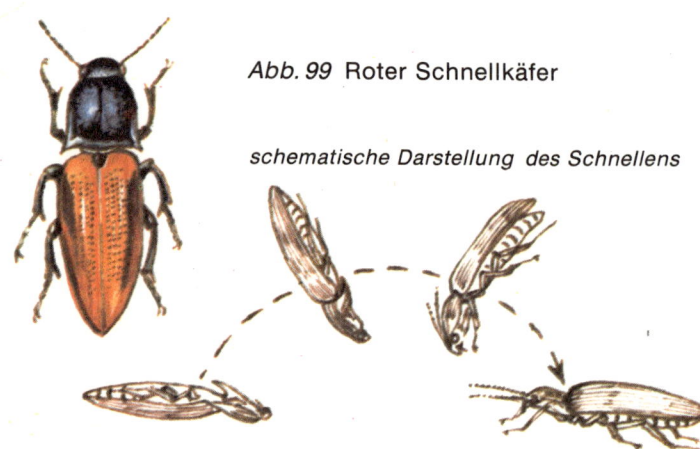

Abb. 99 Roter Schnellkäfer

schematische Darstellung des Schnellens

zarten Pflanzenteilen, von Blüten, Knospen und Triebspitzen. Droht Gefahr, lassen sie sich, wie andere Käfer auch, mit angezogenen Beinen einfach fallen.

Ihre Larven sind die sogenannten Drahtwürmer. Manche leben im faulenden Holz der Laub- und Nadelbäume. Hier fressen sie im Holz lebende Insekten und deren Larven, sind also nützlich für uns. Aber es gibt auch Schädlinge unter den Drahtwürmern. Diese fressen zum Beispiel die Wurzeln von Gräsern ab. Dabei gefährden sie besonders junge Getreidepflänzchen. Kohl, Salat, Kartoffeln, Rüben und Möhren fressen sie ebenfalls häufig an. Diese Schäden verursachen aber nur die Larven, die Drahtwürmer. Die Käfer selbst gelten als harmlos.

Abb. 100 Hirschkäfer

Familie Hirschkäfer

Hirschkäfermännchen haben starke, wie ein Geweih ausgebildete Oberkiefer. Der Kopf trägt geknickte Fühler mit stielkammähnlichen Enden. Die Männchen können bis 8 Zentimeter lang werden. Es gibt jedoch beträchtliche Größenunterschiede.

Hirschkäfer stehen bei uns unter Naturschutz. Ihr Vorkommen geht stark zurück. Das liegt daran, daß ihrer Brut die Entwicklungsmöglichkeiten fehlen, denn es gibt bei uns immer weniger alte Eichen und Eichenstümpfe, in denen sich die Larven der Hirschkäfer entwickeln. Sie ernähren sich dort von Mulm, morschem und krankem Holz. 5 Jahre dauert es, bis sich die Larve verpuppt. Danach bleiben die Puppe

und dann auch der geschlüpfte Käfer noch bis zum nächsten Sommer in der Bruthöhle. So vergehen insgesamt 6 Jahre, ehe die neuen Käfer fliegen. Hauptflugzeit für diese größten bei uns lebenden Käfer ist Ende Juni.

Familie Mai-, Rosen-, Dung- und Mistkäfer

Art Maikäfer

Am meisten fallen uns am Maikäfer seine Fühler auf. An ihrem Ende befinden sich 6 blattartige Lamellen, die der Käfer wie einen Fächer auseinanderspreizt. Sie sind bei den Männchen länger als bei den Weibchen.

Die Larven der Maikäfer, die Engerlinge,

Abb. 101 Maikäfer

Larve (Engerling)

entwickeln sich in der Erde. Sie leben 10 bis 20 Zentimeter tief im Boden und fressen alle erreichbaren Pflanzenwurzeln ab. Der erwachsene Käfer frißt vor allem Laub von Waldbäumen, verschont auch Nadelbäume nicht. Maikäfer richten, da es bei ihnen zeitweise eine Massenvermehrung gibt, große Schäden an.

Die Larven leben 3 oder 4 Jahre im Boden. Im Winter ziehen sie sich in größere Tiefe zurück, wohin der Frost nicht mehr vordringt. Nach vollendeter Entwicklung baut sich der Engerling in 1,5 Metern Tiefe eine Erdhöhle, worin er sich verpuppt. Die Käfer schlüpfen schon im Herbst, graben sich aber erst im nächsten Frühjahr aus der Erde heraus.

Die Käfer selbst leben nur einige Wochen.

Das Weibchen vergräbt sich im Boden und legt in kleineren Häufchen 60 bis 80 Eier ab. Nach 4 bis 6 Wochen schlüpfen die Larven.

Art Mistkäfer

Die schwarzen, schwarzgrünen oder dunkelblauen Mistkäfer von 1 bis 2 Zentimeter Länge finden wir hauptsächlich auf Viehweiden. Unter Kuhfladen graben sie im Boden tiefe und verzweigte, 1 bis 2 Zentimeter breite Stollen. Die vom Hauptstollen abzweigenden Seitenstollen stopfen sie mit einer 10 bis 12 Zentimeter langen Dungwurst voll. Dahinein legt das Weibchen ein Ei. Interessant ist die Arbeitsteilung zwischen Männchen und Weibchen: Oben löst das Männchen vom Dung die Teilchen ab und transportiert sie zum Stolleneingang. Hier

Abb. 102 Mistkäfer

übernimmt sie das Weibchen und schafft sie an den Bestimmungsort. Das Weibchen gräbt auch die Seitenstollen, das Männchen hingegen räumt die ausgegrabene Erde weg. Die Larven ernähren sich von dem sie umgebenden Dungvorrat.

Familie Bockkäfer

Die Bockkäfer erkennen wir an ihren Fühlern. Diese sind oftmals mehrfach länger

Abb. 103 Großer Pappelbock

als der gesamte Körper des Käfers. Sie sind bogenförmig geschwungen und haben in gleichmäßigen Abständen knotige Verdikkungen. Der Körper ist schlank und verschmälert sich nach hinten.

Als Larven ernähren sich die meisten Bockkäfer von Holz. Daher gehören viele von ihnen zu den Schädlingen des Waldes. Die Käfer benagen Blüten, junge Triebe, Rinde und Nadeln.

Es gibt bei uns viele verschieden große und unterschiedlich gefärbte Bockkäferarten.

Familie Blattkäfer

Blattkäfer

1	1°
braune bis schwarze und gelbe Längsstreifen – *Kartoffelkäfer* (Abb. 105)	anders gefärbt – 2
2	2°
Flügeldecken leuchtend rot – *Pappelblattkäfer*	blau und grün, metallisch glänzend, wenige Millimeter groß – *Erdflöhe* (Abb. 106)

Abb. 104 Pappelblattkäfer

Art Kartoffelkäfer

In der Familie der Blattkäfer gibt es eine ganze Reihe von Pflanzenschädlingen. Dazu gehört auch der aus Amerika eingeschleppte Kartoffelkäfer mit dem schwarz und gelb längsgestreiften Rücken. Wie alle Blattkäfer ernährt er sich von Blättern. Käfer und Larven befallen die Kartoffelpflanzen.

Die Larve des Kartoffelkäfers frißt nicht auf der Blattfläche, wie das andere Blattkäfer tun, sondern sitzt auf dem Blattrand, und zwar so, daß die Beine der einen Körperseite sich an der Blattoberseite und die der anderen Körperseite sich an der Blattunterseite festhalten. So frißt sie den Blattrand wie eine Raupe bogenförmig ab.

Der Kartoffelkäfer hat einige natürliche Feinde bei uns. Das sind Laufkäfer und manche Vögel. Trotzdem muß der Mensch ihn intensiv bekämpfen.

Abb. 105 Kartoffelkäfer

Larve

Artengruppe Erdflöhe

Die nur wenige Millimeter großen Erdflöhe können, wenn sie in Massen auftreten, beträchtlichen Schaden anrichten. Die Käfer überwintern unter Laub, Baumrinde und Steinen. Im Frühjahr kommen sie hervor und nagen Löcher in die ersten zarten

Abb. 106 Erdfloh

Pflanzenspitzen. Sie bevorzugen Gemüse-pflanzen. Nicht selten vernichten sie die Pflanzen völlig, und man muß die Beete neu bestellen.

Die Erdflöhe können mit Hilfe ihrer stark verdickten Hinterbeine wie Flöhe weit springen. Daher bekamen sie auch ihren Namen.

Familie Rüsselkäfer

Rüsselkäfer erkennt man leicht an der rüs-selförmigen Verlängerung ihres Kopfes. Sie treten bei uns in vielen verschiedenen Arten auf, die fast alle erhebliche Schäden anrich-ten. Sie ernähren sich nämlich nur von pflanzlichen Stoffen. Die einen Arten be-vorzugen Blätter, andere Blüten, Früchte, Rinde, Wurzeln, Holz oder das Mark der Pflanzen. So kann es geschehen, daß ein und dieselbe Pflanze verschiedenen Rüs-selkäferarten als Futterpflanze dient.

Mit ihrem Rüssel bohren die Käfer ein Loch

Abb. 107 Apfelblütenstecher

Kopf

in die Pflanzen und legen ein Ei hinein. Ge-schützt vor Feinden und mit Nahrung gut versorgt, entwickeln sich die Larven unter sehr günstigen Bedingungen.

Ordnung Hautflügler

Hautflügler

1
Hinterleib nicht abge-schnürt vom Vorder-körper –
Blatt-, Halm- und Holz-wespen

1°
Hinterleib abgeschnürt vom Vorderkörper – 2

Abb. 108 Birkenknopfhornblattwespe

Larve

Holzwespe

2
Flügel voll entwickelt – 3

2°
Flügel fehlen oder sind stark verkümmert – *Ameisen*

Abb. 109 Goldwespe

3 Körper auffallend metallisch gefärbt (Vorwiegend rotgolden) – *Goldwespen*	**3°** Körper nicht metallisch gefärbt – 4
4 erstes Glied des Hinterleibes bildet einen Stiel, Stiel mit Knoten oder Schuppe – *Ameisen*	**4°** Stiel des Hinterleibes ohne Knoten oder Schuppe oder Hinterleib ganz ohne Stiel – 5

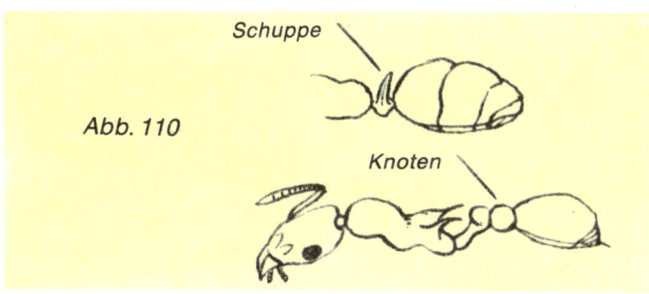

Schuppe

Abb. 110

Knoten

5 Körper wespen-, bienen- oder hummelartig, kein Legebohrer, sondern verborgener Stachel – 6	**5°** Körper nicht wespen-, bienen- oder hummelartig, mit Legebohrer – *Schlupfwespen* (Abb. 111)
6 Vorderflügel der Länge nach gefaltet, auffällig gelb und schwarz gezeichnet – *Faltenwespen* (Abb. 112, 113)	**6°** Vorderflügel nicht der Länge nach gefaltet, anders gezeichnet – *Bienen* (Abb. 114, 115)

Familie Schlupfwespen

Schlupfwespen sind schlanke Insekten mit langen schmalen Fühlern. Die Weibchen besitzen einen Legebohrer. Dieser dient zur Ablage der Eier, aber auch zur Abwehr von Feinden. Schlupfwespen legen ihre Eier in Insekteneier, -larven und -puppen sowie in erwachsene Insekten oder Spin-

nen. Die Länge des Legebohrers hängt davon ab, welchen Wirt die Schlupfwespe bevorzugt. So haben Schlupfwespen, die ihre Eier in im Holz lebende Larven legen, einen sehr langen Legebohrer. Sie müssen ja erst das Holz damit durchbohren, um zur Larve zu gelangen. Diejenigen aber, die frei lebende Schmetterlingsraupen anstechen, besitzen nur einen kurzen Legebohrer. Das Wirtstier wird beim Anstechen nicht getötet, es lebt weiter und wird von der sich entwickelnden Schlupfwespenlarve als Vorratskammer genutzt und ausgefressen. Die junge Schlupfwespe schlüpft, noch ehe ihr Wirt stirbt.

Je nach Art der Schlupfwespen legt ein Weibchen 50 bis 100 Eier ab, und zwar jedes einzeln in ein Wirtstier.

Von den Schlupfwespen werden auf diese Weise viele Schaderreger der Land- und Forstwirtschaft vernichtet.

Abb. 111 Sichelwespe
sticht Kiefernspinnerraupe an

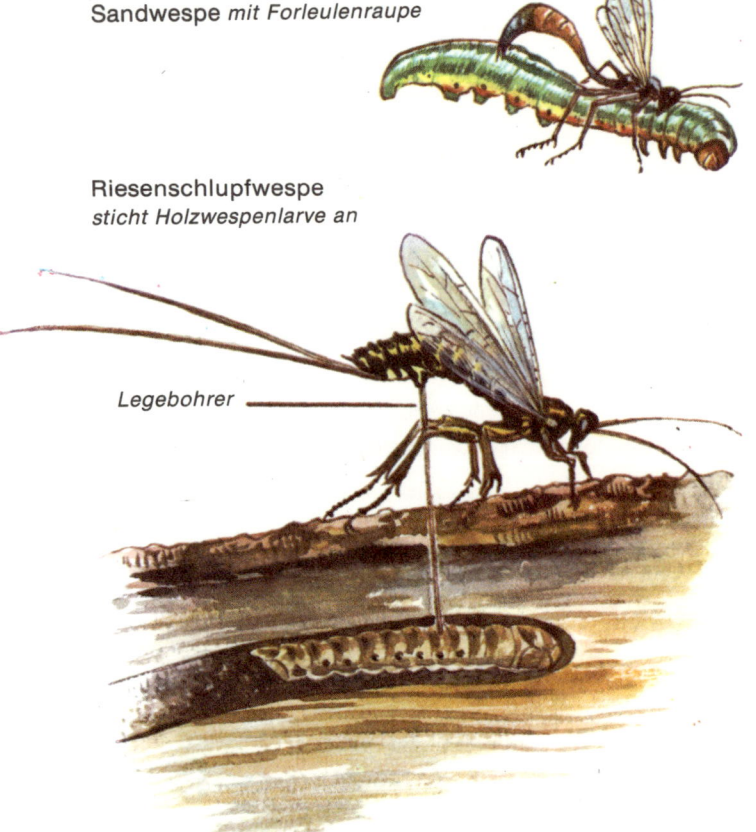

Sandwespe *mit Forleulenraupe*

Riesenschlupfwespe
sticht Holzwespenlarve an

Legebohrer

Nestes, die Arbeiterinnen und die Männchen, sterben im Herbst. Im Frühjahr sucht sich das Wespenweibchen, die Königin, einen Platz für das Nest. Je nach Wespenart wird das Nest in Bäume, unters Dach oder auch in die Erde gebaut. Als Baumaterial benutzt die Königin Pflanzenfasern. Mit ihren Kiefern schabt sie altes, grau gewordenes Holz ab. Man kann die Schabegeräusche deutlich hören, wenn man sich danebenstellt. Die abgeschabten Fasern, die sie zu einem Klümpchen gerollt ins Nest trägt, werden dort zu einem dünnen Papier ausgezogen und verbaut. Es entsteht ein elastisches, meist graues Papiernest. Zuerst baut die Königin wenige Zellen, legt hier einige Eier ab und versorgt die Brut selbst, bis die ersten Arbeiterinnen schlüpfen. Diese übernehmen nun die weitere Brutpflege und auch die Pflege der Königin, die jetzt nur noch mit dem Eierlegen beschäf-

Familie Faltenwespen

Faltenwespen

1	1°
Brust ohne gelbe Zeichnung, sehr groß – *Hornisse*	Brust mit gelber Zeichnung, kleiner – *Wespe*

Bei den Faltenwespen überwintern nur die Weibchen. Alle anderen Angehörigen eines

Abb. 112 Wespe

Abb. 113 Hornisse
geöffnetes Nest

tigt ist. Aus den wenigen Zellen entsteht eine Wabe, der noch weitere Waben folgen. Das gesamte Nest umgibt bei vielen Arten eine Hülle.

Die Faltenwespen füttern ihre Brut mit tierischer Kost, meist mit zerstückelten, zerkauten Fliegen. Die erwachsenen Wespen saugen die süßen Ausscheidungen der Larven auf und bevorzugen überhaupt Süßes. Wir haben das alle schon als recht unangenehm empfunden, wenn wir im Freien Kuchen essen oder süßen Saft trinken.

Familie Bienen oder Blumenwespen

Bienen oder Blumenwespen

1	1°
sehr behaart, Körper rundlich wirkend, Farben (schwarz, rot, gelb, braun, weiß) meist stark gegeneinander abgesetzt – *Hummeln* (Abb. 115)	eintönig gelblichbraun, schlank wirkend – *Honigbiene* (Abb. 114)

Art Honigbiene

Unter natürlichen Bedingungen siedelt sich die Honigbiene in allen möglichen Höhlungen, in Baum- und Felshöhlen an. Doch schon seit langer Zeit bauen die Menschen für sie künstliche Höhlen, die Bienenstöcke. Die Honigbienen leben in Völkern zusammen. Ein Bienenvolk umfaßt im Sommer 40 000 bis 70 000 Tiere.

Zu einem Volk gehören eine Königin, die Arbeitsbienen oder Arbeiterinnen und die Drohnen, die Männchen. Die Arbeiterinnen füttern die Königin, die sich nur mit der

Abb. 114 Honigbiene

Eiablage beschäftigt. Von März bis September legt sie 100 000 bis 150 000 Eier. Da eine Königin 4 bis 5 Jahre alt wird, kann sie in dieser Zeit die enorme Anzahl von 400 000 bis 750 000 Eier produzieren. Die Arbeitsbienen verrichten alle Arbeiten, die für das Leben im Bienenstock notwendig sind. Im Laufe ihres Lebens führt eine Arbeiterin der Reihe nach alle diese Tätigkeiten aus. Zuerst reinigt sie die Zellen, dann wird sie Amme und pflegt die Larven. Danach baut sie hauptsächlich Waben. Erst im letzten Abschnitt ihres Lebens fliegt sie als Trachtbiene aus dem Stock. Sie besucht jetzt die Blütenpflanzen und trägt Nektar, Blütenstaub und Wasser ein.

Wir Menschen erhalten von den Bienen Honig, Wachs sowie Bienengift für die Arzneimittelherstellung.

Beim Sammeln von Honig und Pollen bestäuben die Bienen die Blüten. Das ist für uns von noch größerem Nutzen, denn ohne Bienen könnten wir zum Beispiel kein Obst ernten.

Gattung Hummeln

Hummeln trifft man schon im zeitigen Frühjahr auf den verschiedensten Blüten. Im

Abb. 115
Ackerhummel

Gartenhummel

Steinhummel

geöffnetes Nest

Familie Ameisen

Ameisen

1	1°
groß, Rücken und Stielchen rot, Hinterleib schwarz –	anders gefärbt – 2
Rote Waldameise (Abb. 116)	
2	2°
glänzend schwarz –	gelb und klein –
Holzameise	*Gelbe Wiesenameise*

Abb. 116 Rote
Waldameise

Art Rote Waldameise

In unseren Wäldern begegnen wir den haufenförmigen Nestern der Roten Waldameise. So ein Nest kann bis 2 Meter hoch und 5 Meter breit werden. Diese Nester erstrecken sich auch noch weit in die Tiefe des Bodens. Von einem Nest gehen strahlenförmige Ameisenstraßen aus. Sie enden meist an einem stark mit Blattläusen besetzten Baum. Die Blattläuse werden von den Ameisen gemolken, das heißt mit den Fühlern betastet und zum Ausscheiden eines Honigtropfens veranlaßt, den die Ameisen gierig auflecken.

Abb. 117 Gelbe Wiesenameise

Abb. 118 Holzameise

Gegensatz zu den Bienen ist ihr Körper stark behaart und meist auch recht auffällig gefärbt. Auch die Hummeln leben in Völkern zusammen. Diese sind aber zahlenmäßig viel kleiner als die der Honigbiene. Im Herbst sterben die Völker ab. Nur die Weibchen überwintern an geschützten Stellen. Sie gründen im nächsten Frühjahr einen neuen Staat. Zuerst verrichten sie alle Arbeiten selbst. Später, wenn die ersten Arbeiterinnen geschlüpft sind, vergrößert sich das Nest schnell. Auch die Hummeln bestäuben Blüten.

Ein Nest der Roten Waldameise können 200 000 bis 2 Millionen Tiere bewohnen. Die Roten Waldameisen leben räuberisch. Sie tragen Larven und erwachsene Insekten ein. Wir können uns vorstellen, daß ein so zahlreiches Volk auch eine große Nahrungsmenge verbraucht. Da sich unter ihren Beutetieren viele Schädlinge befinden, zählt die Rote Waldameise zu den nützlichen Insekten. Sie steht heute bei uns unter Naturschutz.

Ordnung Zweiflügler

Zweiflügler

1
Tupfrüssel, kurze dreigliedrige Fühler mit einer gefiederten Rückenborste –
Fliegen

1°
Stechrüssel, lange, vielgliedrige Fühler –
Mücken

Mücken

1
groß, lange Beine, langgestreckter Körper, Flügelspannweite bis über 5 cm –
Schnaken oder Stelzmücken (Abb. 124)

1°
kleiner – 2

2
langer Stechrüssel, Körper dunkel –
Stechmücken (Abb. 125)

2°
kurzer Rüssel, aufgewölbter Brustabschnitt, Körper hell bis grünlich –
Zuckmücken (Abb. 126)

Fliegen

1
metallisch blau, grün oder bronzefarben –
Goldfliegen

1°
anders gefärbt – 2

2
auffallend wespenähnlich gefärbt, „stehen" in der Luft, können auch seitwärts fliegen –
Schwebfliegen (Abb. 128)

2°
anders gefärbt – 3

3
grauschwarz, Hinterleib an den Seiten braun, 8 mm lang –
Stubenfliege (Abb. 129)

3°
anders gefärbt, größer – 4

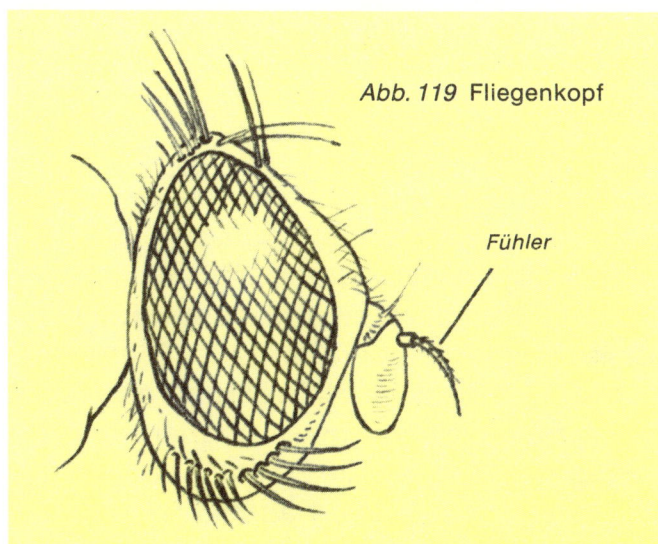

Abb. 119 Fliegenkopf

Fühler

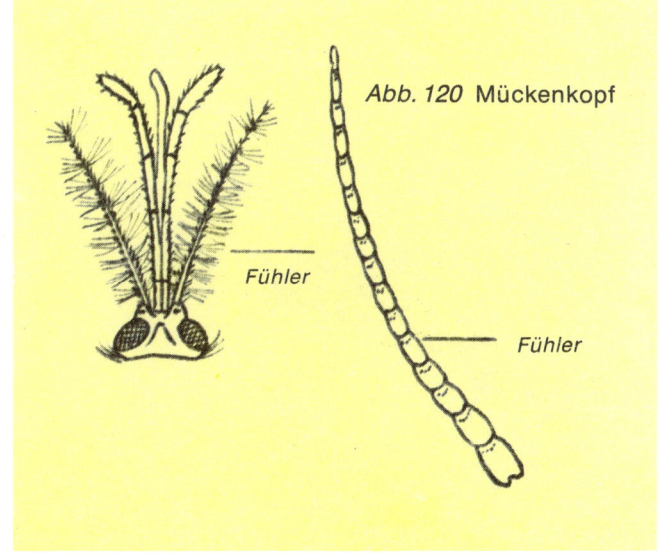

Abb. 120 Mückenkopf

Fühler

Fühler

Abb. 121
Goldfliege

Abb. 122
Fleischfliege

Abb. 123
Schmeißfliege

4 einfarbig grau oder Hinter- leib mit hellen Flecken, bis 25 mm lang – *Bremsen* (Abb. 127)	4° anders gefärbt und strup- pig wirkend – 5
5 Körper langgestreckt, grau; Brust mit 3 dunklen Längs- streifen, bis 15 mm – *Fleischfliege*	5° Körper gedrungen, stahl- blau, bis 13 mm – *Schmeißfliege*

Familie Schnaken oder Stelzmücken

Schnaken sind große, sehr langbeinige Mük-
ken. Wir können sie an warmen Sommerabenden über Wiesen und an Waldrändern
schwerfällig umherfliegen sehen. Manchmal verirren sie sich auch in die Wohnungen. Sie haben einen langgestreckten,
unscheinbar grauen Körper. Vielfach fürch-

ten Menschen diese Tiere, aber sie sind
harmlos. Sie können nicht stechen und
Blut saugen. Ihre Beine brechen leicht ab.
Sehr oft mag das die einzige Rettung vor
ihren Feinden sein. Spinnen, andere Insekten, Fledermäuse und viele Vögel stellen
den Schnaken nach.

Familie Stechmücken

Die Mücken dieser Familie kennen wir alle
aus eigenem Erleben. Schon ihr hoher sin-
gender Flugton berührt uns unangenehm.
An warmen, schwülen Sommerabenden

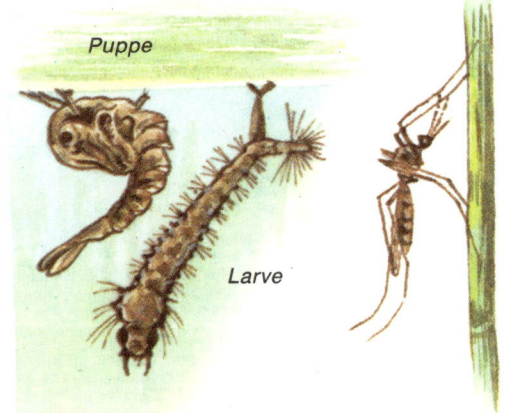

Abb. 125
Stechmücke

machen sie den Aufenthalt im Freien nahezu unerträglich. Wie die Mücke sticht,
läßt sich leicht beobachten. Zuerst setzt sie
sich auf die Haut und betastet sie mit ihrem
Rüssel. Sie sucht eine günstige Einstich-
stelle, denn sie muß ja eines der Blutgefäße
treffen, um zu ihrer Nahrung zu gelangen.
Meist muß sie mehrmals stechen, ehe sie
Erfolg hat. Bei jedem Einstich sondert sie
Speichel in die Wunde ab. So ist es leicht
erklärlich, daß viele Stechmücken, beson-

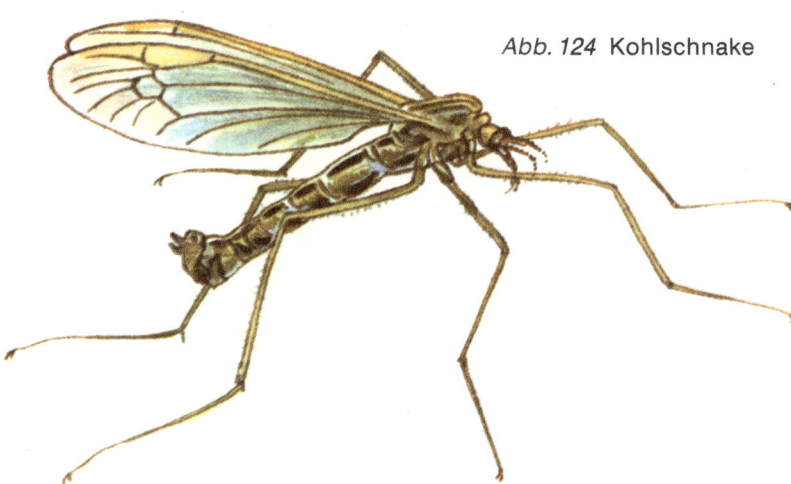

Abb. 124 Kohlschnake

ders in den Tropen, Krankheiten übertragen.

Die Larven der Mücken entwickeln sich im Wasser. Wir können sie in jeder Regentonne beobachten.

Abb. 127 Rinderbremse

Abb. 126 Zuckmücke

Familie Zuckmücken

Im Gegensatz zu den Stechmücken können die Zuckmücken mit ihren verkümmerten Mundwerkzeugen nicht stechen. Sie nehmen während der kurzen Dauer, die ihr Leben als erwachsenes Tier währt, überhaupt keine Nahrung zu sich.

Zuckmücken treten in riesigen Schwärmen auf. Sie wirken von weitem wie meterhohe Rauchwolken.

Ihre Larven entwickeln sich auf dem Grunde der Gewässer. Da sie in ungeheurer Zahl auftreten, bilden sie für viele Fische das Hauptnahrungsmittel.

Familie Bremsen

An warmen und schwülen Tagen plagen uns die Bremsen besonders. Sie fliegen geräuschlos und setzen sich auf die Haut. Wir bemerken sie erst, wenn sie schon gestochen haben. Wie bei den Mücken saugen

auch bei den Bremsen nur die Weibchen Blut. In die Wunde wird ein Saft abgesondert, der die Blutgerinnung verhindert. So kommt es, daß die Stichwunde nachblutet. Zu den größten bei uns vorkommenden Bremsen zählen die Rinder- oder Pferdebremsen. Sie stechen vor allem größere Haustiere. Der Blutverlust dieser Tiere kann dabei recht hoch sein.

Familie Schwebfliegen

Schwebfliegen ähneln Bienen, Wespen oder Hummeln. Viele von ihnen sind auffallend schön gezeichnet. Schon im zeitigen Frühjahr können wir sie beobachten. Sie besuchen die Blüten und entnehmen Nektar und Blütenstaub. Wie die Bienen

Larve

Abb. 128 Schlammfliege

und Hummeln spielen sie bei der Bestäubung der Pflanzen eine wichtige Rolle. Sie „stehen" in der Luft, denn ihre Flügel schlagen so schnell, daß wir nur ein Flirren wahrnehmen. Kommt man ihnen zu nahe, schießen sie plötzlich seitwärts, in die Höhe, nach unten oder rückwärts, um dann erneut „stehenzubleiben". Es ist fast unmöglich, sie zu fangen.

Abb. 129 Stubenfliege

Eier   *Larve (Made)*   *Puppe*

Art Stubenfliege

Stubenfliegen können wir zu jeder Zeit eingehend beobachten. Wir stellen fest, daß sie im Ruhezustand ihren Rüssel unter den Kopf eingeklappt halten. Suchen sie nach Nahrung, strecken sie ihn aus. Um die Nahrung aufzunehmen, setzen sie einen Speicheltropfen darauf ab, denn sie können nur flüssige Nahrung zu sich nehmen. Da sie nacheinander die verschiedensten Stätten aufsuchen, zum Beispiel aus der Mülltonne oder vom Misthaufen auf den Eßtisch fliegen, verbreiten sie rasch Krankheiten. Das betrifft vor allem Magen- und Darmerkrankungen. Die Stubenfliegen vermehren sich sehr rasch. Deshalb ist es wichtig, alle die Tiere besonders zu schützen, die Fliegen vertilgen.

Ordnung Schmetterlinge

Schmetterlinge

1
Körper schlank, Fühlerenden keulen- oder knopfförmig (Tagfalter) – 2

2
Grundfarbe der Flügel hell (weiß bis gelb) – 3

3
groß, auffallend gelbschwarz gezeichnet, Hinterflügel mit ausgezogener Spitze –
Ritter

4
düster graubraune Flügel, auf hellerem Feld dunkle Ringe mit weißem Punkt –
Augenfalter

5
kleine Falter, Flügel mit lebhaft blauem Metallglanz oder schwarzbraun bis gelbrot mit schwarzen Flecken –
Bläulinge (Abb. 137)

6
bienen- oder wespenähnlich –
Glasflügler

1°
Körper dick oder schmal, dann aber Fühlerenden nicht keulen- oder knopfförmig (Nachtfalter) – 6

2°
Grundfarbe der Flügel dunkel (schwarz bis rotbraun) – 4

3°
Hinterflügel ohne ausgezogene Spitze, Hinterleib zusammengedrückt –
Weißlinge

4°
anders gefärbt – 5

5°
anders gefärbt –
Edelfalter

6°
nicht bienen- oder wespenähnlich – 7

Abb. 130 Hornissenschwärmer

7
mittelgroß bis sehr groß, Hinterleib lang, meist zugespitzt, Vorderflügel sehr lang und schmal, Hinterflügel klein –
Schwärmer (Abb. 130, 132)

7° anders gestaltet – 8

8
Hinterleib meist rot oder rötlich, Vorderkörper behaart, Vorderflügel braun oder schwarz, hell gefleckt, Hinterflügel gelb oder rot, schwarz gefleckt –
Bären (Abb. 134)

8° ändere Gestalt und anders gefärbt – 9

9
Körper schwarz, Vorderflügel blau-schwarz mit roten Flecken, Hinterflügel rot –
Widderchen (Abb. 133)

9° anders gefärbt – 10

10
Vorderflügel oft kürzer als die Körperlänge, schmaler als Hinterflügel –
Eulen (Abb. 135)

10° Vorderflügel nicht kürzer als die Körperlänge, nicht schmaler als Hinterflügel – 11

11
Körper dick –
Spinner

11° Körper schlank –
Spanner (Abb. 136)

Abb. 131 Goldafter

Eichenspinner

Nonne

Abb. 132 Totenkopf

Familie Schwärmer

Schwärmer, meist große und kräftige Falter, fliegen sehr schnell. Ihr langer Hinterleib überragt die Flügel. Die walzenförmigen Raupen haben am Ende meist ein Horn. Sie verpuppen sich in der Erde. Einer der bekanntesten Schwärmer ist der Totenkopf. Er erhielt seinen Namen von der totenkopfähnlichen Zeichnung auf seinem Rücken. Er kommt jedoch nur selten bei uns vor. Die Raupen fressen Kartoffelkraut und andere Nachtschattengewächse. Die Falter fressen gern Bienenhonig. Sie dringen in die Bienenstöcke ein, werden dort aber bald von den Bienen getötet.

Da die Schwärmer zu den Nachtfaltern gehören, kennen wir sie trotz ihrer auffallenden Größe nur wenig.

Familie Widderchen oder Blutströpfchen

Die widerstandsfähigen Widderchen sind kleine metallisch glänzende Schmetterlinge mit leuchtend roten Flecken auf den Flügeln. Auf einer Blüte sitzen oft mehrere Schmetterlinge dieser Familie. Sie lassen sich sogar im Fluge leicht fangen. Die

Abb. 133 Steinbrechwidderchen

Blutströpfchen haben keine Feinde. Vögel und auch Eidechsen meiden diese Falter. Ihre Raupen sind kurz und dick und haben einen gewölbten Rücken. Sie verpuppen sich in einem festen, glänzend weißen oder gelben Gespinst.

Familie Bären

Die Raupen dieser Schmetterlinge sind dicht behaart. Dieses „Bärenfell" brachte der Familie den Namen ein. Bei uns ist die bekannteste Art dieser Familie der Braune Bär. Die braunen Vorderflügel des Falters sind weiß gefleckt. Auffällig sehen die Hinterflügel aus. Auf rosarotem Grund heben sich dunkle Flecken ab. Doch nur wenn der Falter fliegt, sieht man die bunten Hinterflügel. Meist sitzt er tagsüber auf Blättern.
Ein Weibchen legt etwa 1000 Eier an Brombeersträuchern und vielen anderen Pflanzen ab. Die Raupen schlüpfen schon nach 10 Tagen. Zuerst fressen sie ihre Eischalen auf, dann ernähren sie sich von den Pflanzen. Die Raupen überwintern und beginnen im Frühjahr bis zu ihrer Verpuppung erneut zu fressen.

Abb. 134 Brauner Bär

Abb. 135 Rotes Ordensband

Kieferneule (oder Forleule)

Familie Eulen

Eulen, meist unscheinbar gefärbte Falter, fliegen nur nachts. Es gibt unter ihnen jedoch auch farbenprächtige Tiere, wie das Blaue Ordensband und das Rote Ordensband, zwei der größten Schmetterlinge aus dieser Familie.
Wegen ihrer nächtlichen Lebensweise fallen sie uns kaum auf. Tagsüber halten sie sich verborgen. Sie ruhen an Baumstämmen oder an Steinwänden. Ihre Vorderflügel decken die Hinterflügel vollkommen zu und sind so gefärbt, daß das Tier seiner Umgebung ähnelt.
Die Eulen haben eine Vorliebe für süße Säfte. Mit ihrem Rüssel saugen sie den Saft von Blüten und Früchten auf.
Die Raupen verschiedener Eulen richten großen Schaden an. So fressen die Raupen der Kieferneule zuerst Nadeln, Maitriebe und Rinde von Kiefern. Später nehmen sie

nur noch alte Nadeln. Sie fressen sie bis auf kleine Stummel auf. Ganze Kiefernbestände können so vernichtet werden.

Familie Spanner

Spanner, unscheinbar gefärbte Schmetterlinge, haben einen schlanken schmalen Körper und verhältnismäßig lange Beine. Ihre Flügel wirken fast zerbrechlich. Der Fortbewegungsweise ihrer Raupen verdanken sie ihren Namen. Die Raupen „spannen", das heißt sie krallen sich mit den Brustbeinen fest und setzen dann das Ende ihres Leibes unmittelbar hinter die Brustbeine. Dabei wird der Leib wie eine Schlinge hochgewölbt. Danach strecken sie erneut den Körper nach vorn, ziehen wieder das

Abb. 136
Frostspanner

Stachelbeerspanner

Fortbewegung einer Spannerraupe

Holunderspanner
Raupe

Hinterende nach und so fort. Die Spanner sind sehr häufig. Es gibt unter ihnen viele Schädlinge.

Abb. 137 Bläuling

Familie Bläulinge

Diese kleinen zarten Schmetterlinge sehen wir oft in großer Anzahl auf blühenden Wiesen. Als Schlafplätze dienen bestimmte Sträucher, die immer wieder aufgesucht werden. Es übernachten meist mehrere Tiere gemeinsam. Ihre Raupen scheiden einen süßen Saft ab. Diesen lecken Ameisen gern auf. Die Ameisen bewachen und verteidigen die Raupen auch. Manche Raupen leben sogar mit den Ameisen zusammen in deren Nestern. Sie werden als „Haustiere" gehalten und von den Ameisen ernährt, bis sie sich verpuppen.

Abb. 138 Scheckenfalter

Familie Edelfalter

Edelfalter

1
auf hellbraunem Grund dichtes schwarzes Muster –
Scheckenfalter
2
schwarzwirkende Flügel mit einem breiten gelben Rand –
Trauermantel (Abb. 145)

1°
anders gefärbt – 2

2°
anders gefärbt – 3

Abb. 140 Großer Schillerfalter

3
rotes Band quer über den Vorderflügel, Spitze des Vorderflügels schwarz mit weißen Flecken, Hinterflügel mit rotem Band – *Admiral* (Abb. 142)

3°
anders gefärbt – 4

4
Vorder- und Hinterflügel mit Pfauenaugenmuster – *Tagpfauenauge* (Abb. 143)

4°
anders gefärbt – 5

5
Falter sehr dunkel wirkend, Vorderflügel mit großen weißen Flecken, breites weißes Band quer über den Hinterflügel – 6

5°
anders gefärbt – 7

6
blauschillernd, Hinterflügel mit rotem Auge – *Schillerfalter* (Abb. 140)

6°
nicht blauschillernd, Hinterflügel mit rötlichem Band – *Großer Eisvogel* (Abb. 141)

7
groß, Vorderflügel schwarz gefleckt, Hinterflügel mit schwach angedeutetem blauem Saum – *Großer Fuchs* (Abb. 144)

7°
kleiner, Vorderflügel mit schwarzen und gelbweißen Flecken, Vorder- und Hinterflügel mit leuchtend blauem Saum – *Kleiner Fuchs*

Abb. 139 Kleiner Fuchs

Art Großer Schillerfalter

Der nicht sehr häufig vorkommende große Schillerfalter lebt vor allem in lichten Laubwäldern und in Gebirgstälern. Seine Raupen finden wir auf Pappeln und Weiden. Die Falter ernähren sich von Kot. Sie finden ihre Nahrung durch den Geruchssinn. Auf Wegen und Straßen können wir beobachten, wie sie suchend umherfliegen. Gern setzen sie sich auf nasse Stellen.

Die Raupen spinnen sich zur Überwinterung an Blattknospen an.

Art Großer Eisvogel

Im Juni und Juli treffen wir auf Waldwegen und an Waldrändern manchmal den Großen Eisvogel. Dieser Schmetterling ist bei uns nicht häufig. Die überwinternden Raupen leben auf Espenbüschen. Sie fertigen dazu kleine Gespinste an den Spitzen der Espenzweige an.

Art Admiral

Der Admiral kommt überall vor. Seine Raupen sind dunkel behaart. Dieser Falter bleibt im Winter nicht bei uns. Wie die Zugvögel zieht er nach Süden, und zwar über die Alpen. Er überwintert in Südeuropa.

Art Tagpfauenauge

Die Raupen dieses bei uns häufigen Schmetterlings sehen schwarz aus und sind be-

Abb. 141 Großer Eisvogel

haart. Sie leben gesellig. Wir finden sie vor allem an Brennesseln. Bei diesem Schmetterling überwintern nicht die Raupen, sondern die Falter.

Art Großer Fuchs

Den Großen Fuchs gibt es überall. Aber an manchen Orten kommt er heute nur noch selten vor. Die dunkelbraunen behaarten Raupen trifft man von Mai bis Juli auf Kirsch-, Birnen- und Apfelbäumen, auf Ulmen, Weiden und Pappeln an. Die Falter sitzen oft an überreifen oder faulenden Äpfeln und Birnen.

Abb. 142 Admiral

Abb. 143 Tagpfauenauge

Abb. 144 Großer Fuchs

Art Trauermantel

An Waldrändern, an Schneisen und Schonungen sehen wir manchmal diesen schönen großen Falter. Das Weibchen legt seine Eier in einem Ring um dünne Zweige dieser Bäume. Die Raupen leben gemeinsam an Birken, Espen, Salweiden oder Ulmen.

Abb. 145 Trauermantel

Abb. 148 Kohlweißling

Abb. 146
Zitronenfalter

Familie Weißlinge

Weißlinge

1
Flügel gelb –
Zitronenfalter
2
halber Vorderflügel rot –
Aurorafalter

1°
Flügel nicht gelb – 2

2°
Vorderflügel weiß mit
schwarzer Spitze –
Kohlweißling (Abb. 148)

Abb. 147 Aurorafalter

Art Kohlweißling

Kohlweißlinge gibt es überall. In manchen
Jahren treten sie in riesiger Anzahl auf. Die
Weibchen bringen ihre gelben Eier an der
Blattunterseite in kleinen oder größeren
Haufen an. Die Raupen fressen die Blätter
aller Kohlarten. So kommt es oft zu schwe-
ren Schäden auf den Kohlfeldern.
Auch diese Falter wandern manchmal in
größeren Schwärmen.
Eine kleine Schlupfwespe ist der Haupt-
feind der Kohlweißlinge. Sie legt ihre Eier
in die Raupen.

Familie Ritter

Ritter

1
breiter gelber Rand am
Hinterflügel, Spitze kurz –
Schwalbenschwanz

1°
ohne gelben Rand am Hin-
terflügel, Spitze länger –
Segelfalter

Art Schwalbenschwanz

Diesem großen, auffällig gefärbten Schmetterling begegnen wir im Flach- und Hügel-

Abb. 149
Schwalbenschwanz

land häufiger als im Gebirge. Die Raupen finden wir auf Doldengewächsen – auf Möhre, Dill, Kümmel und Petersilie. Die Raupe sieht grün aus und hat schwarze Querstreifen über den Rücken und rote Punkte an den Seiten.

Art Segelfalter

Diesen Falter trifft man fast nur im Hügelland. Er ist selten. Die grüne Raupe hat weiße Längsstreifen und rote Punkte an den Seiten. Der Segelfalter steht unter Naturschutz.

Abb. 150
Segelfalter

Stamm Wirbeltiere

Ein Merkmal, das die Tiere dieser Verwandtschaftsgruppe alle gemeinsam haben und sie von den Tieren anderer Gruppen unterscheidet, ist die Wirbelsäule. Dieses Merkmal wurde für die Benennung der Gruppe verwendet.

Wirbeltiere sind Fische, Lurche, Kriechtiere, Vögel und Säugetiere. Ihr Grundbauplan stimmt überein: Rückenwärts der Wirbelsäule liegt das Rückenmark und bauchwärts der Wirbelsäule befindet sich das Verdauungssystem (Speiseröhre, Magen, verschiedene Darmabschnitte), mit dem Kiemen oder Lungen verbunden sind.

Auch bei uns Menschen kreuzen sich ja in der Mundhöhle (Rachenhöhle) Atem- und Verdauungswege.

Wirbeltiere haben ein geschlossenes Blutgefäßsystem, durch welches das Herz das Blut hindurchpumpt. Bei den Fischen strömt das Blut vom Herzen zu den Kiemen und von dort (frisch, arteriös) in alle Bereiche des Körpers und kommt verbraucht (venös) zum Herzen zurück. Schon bei den Lurchen beginnt sich der Blutkreislauf in einen großen und einen kleinen zu teilen. Die Teilung ist von einer Kammerung des Herzens begleitet. Bei den erwachsenen

Abb. 151 Neunauge

Lurchen wird das venöse Blut vom Herzen in die Lungen gepumpt. Von hier strömt es zum Herzen zurück (arteriöses Blut) und wird nun vom Herzen in alle Regionen des Körpers gepumpt. Aus dem Körper kehrt es verbraucht (venös) zum Herzen zurück. Der Kreis ist geschlossen. Die Herzkammerung in 2 Vorkammern und 2 Herzkammern ist erst bei den Vögeln und Säugetieren vollkommen.

Klasse Fische

Zwei Gruppen von Wirbeltieren bezeichnet man als Fische, die Rundmäuler und die Echten Fische. Rundmäuler sind die Neunaugen, Echte Fische die Knorpelfische, wie Haie und Rochen, und die Knochenfische.

Ordnung Neunaugen

Der schlangenartige Körper der Neunaugen ist glatt. Hinter der Nasenöffnung und dem Auge liegen an jeder Körperseite in einer Reihe 7 rundliche Kiemenspalten. Das unterständige Maul bildet eine trichterförmige Saugscheibe, mit der sich die Neunaugen zur Nahrungsaufnahme an Fischen festsaugen. Das Flußneunauge wird über 30 Zentimeter, das Bauchneunauge bis zu 16 Zentimeter lang.

Unterklasse Knochenfische

Die meisten heute lebenden Fische gehören zu den Knochenfischen. Typisch ist die spindelförmige Gestalt. Je nach Lebensweise hat sich ihre Körperform verändert. An der Körperform kann man frei schwimmende Fische von Bodenbewohnern unterscheiden.
Den Körper der Fische bedecken eine Schleimschicht und fast stets Schuppen unterschiedlicher Größe und Form. Manchmal liegen sie kaum sichtbar tief in der Haut.
Fische bewegen sich durch wellenförmige Körperbewegungen und mit Hilfe der Flossen fort. Wir unterscheiden paarige und unpaare Flossen. Paarig sind die Brust-

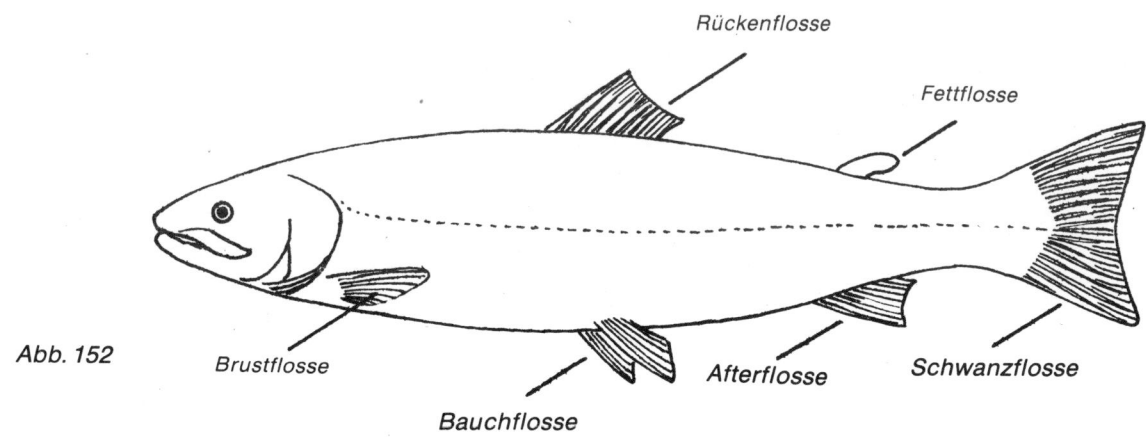

Abb. 152   Brustflosse   Rückenflosse   Fettflosse   Bauchflosse   Afterflosse   Schwanzflosse

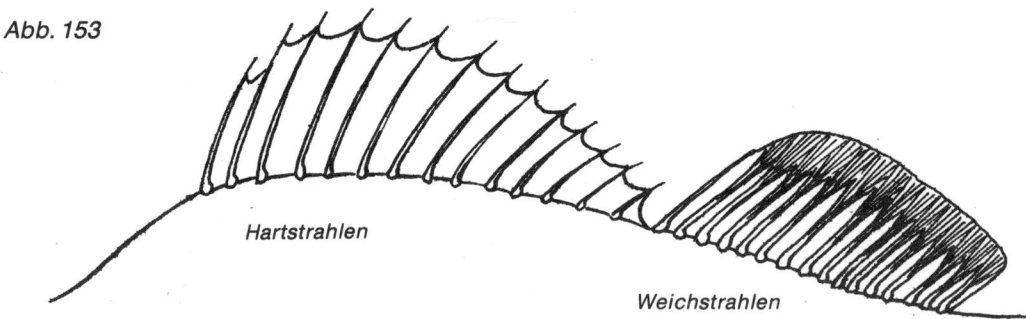

Abb. 153

Hartstrahlen

Weichstrahlen

und Bauchflossen. Sie stehen im Dienste der Richtungsänderung und des Gleichgewichts. Rücken-, Schwanz- und Afterflosse sind unpaare Flossen. Die wichtigste von ihnen, die Schwanzflosse, ist bei guten Schwimmern am besten ausgebildet. Die Rücken- und die Afterflosse dienen hauptsächlich als Kiel. Alle Flossen – außer der manchmal auftretenden Fettflosse – werden durch Strahlen gestützt. Es gibt Weichstrahlen, Hartstrahlen und Stacheln. Anzahl und Bau der Flossen und Flossenstrahlen sind wichtige Unterscheidungsmerkmale, auf die wir beim Bestimmen der Arten achten müssen.

Die Fische haben wie wir 5 Sinne, aber es gibt bei ihnen noch ein zusätzliches Sinnesorgan, nämlich die Seitenlinie. Das ist ein System von Kanälen an den Körperseiten der Fische, die durch Poren mit der Außenwelt verbunden sind. Die auf den Poren liegenden Schuppen haben ein Loch oder eine Aussparung. Mit Hilfe der Seitenlinie nehmen die Fische Druck- und Strömungsänderungen wahr. Sie fühlen durch die Veränderung des Drucks, daß sie sich einem Gegenstand nähern. So können sie auch bei Nacht und im trüben Wasser sicher schwimmen.

Nach der Richtung und Lage der Mundspalte unterscheiden wir ein ober-, end-, und unterständiges Maul. Diese Merkmale sind wichtig für die Bestimmung der Arten. Die Stellung der Mundöffnung hängt mit der Gewinnung der Nahrung zusammen. Fische, die ihre Nahrung hauptsächlich von der Wasseroberfläche aufnehmen, haben ein oberständiges Maul. Diejenigen dagegen, die am Grunde der Gewässer ihr Futter suchen, haben ein unterständiges Maul.

Bei den Fischen sind meist die Weibchen größer als die Männchen. Zur Ablage der Eier suchen die Fische bestimmte Orte auf. Manche legen die Eier am Gewässergrund in den Sand ab, andere kleben den Laich an Wasserpflanzen oder an verschiedene Gegenstände am Boden. Die Weibchen mancher Arten legen Hunderttausende, die Weibchen anderer Arten nur einige Dutzend Eier. Nach dem Schlüpfen nennt man die jungen Fische zunächst Larven. Die Larven tragen noch den Dottersack an ihrem Bauch. Erst nachdem der Dottersack aufgezehrt ist, werden die Jungtiere als Brutfische bezeichnet. Viele Fische leben in Schwärmen wie die Heringe, andere einzeln wie Hecht und Wels.

Knochenfische

1
Körper symmetrisch, Augen auf beiden Körperseiten – 2

1°
Körper nicht symmetrisch, seitlich stark abgeflacht, Augen nur auf einer Körperseite –
Plattfischartige (Seite 78)

2
Bauchflosse fehlend, Körper schlangenartig
Aale (Seite 75)

2°
Bauchflosse vorhanden – 3

3
Bauchflosse ohne vorderen Stachelstrahl – 4

3°
Bauchflosse mit einem vorderen Stachelstrahl – 9

4
Bauchflosse kehlständig –
Dorschartige

4°
Bauchflosse bauchständig – 5

5
Haut ohne Schuppen, Mund groß, mit langen Barteln –
Wels (Seite 75)

5°
Haut mit Schuppen – 6

6
Mund zahnlos –
Karpfenfische (Seite 70)

6°
Mund mit Zähnen – 7

7
Rückenflosse weit hinten, schwanzständig, der Afterflosse gegenüber –
Hechte (Seite 70)

7°
Rückenflosse rumpfständig, gegenüber den Bauchflossen – 8

8
über der Afterflosse auf dem Rücken eine Fettflosse –
Lachse (Seite 68)

8°
über der Afterflosse auf dem Rücken keine Fettflosse –
Heringsartige (Seite 67)

9
Bauchflosse bauchständig, vor der Rückenflosse Stacheln –

9°
Bauchflosse brustständig – 10

Stichlingsartige (Seite 77)

10
Innenränder der Bauchflossen miteinander verwachsen –
Grundeln

10°
Innenränder der Bauchflossen nicht miteinander verwachsen – 11

11
hinter der Rücken- und Afterflosse stehen Flößchen –
Makrelen (Seite 77)

11°
hinter Rücken- und Afterflosse keine Flößchen –

Barsche (Seite 76)

Abb. 154 Schwarzgrundel

Familie Heringe

Heringe

1
Ansatz der Bauchflosse hinter dem Anfang der Rückenflosse –
Hering (Abb. 155)

1°
Ansatz der Bauchflosse vor oder unter dem Anfang der Rückenflosse –
Sprotte (Abb. 156)

Art Hering
Die dichten Heringsschwärme können mehrere Kilometer lang und Hunderte Meter breit sein. Nachts gehen die Schwärme auseinander. Sie bilden sich am Tage neu. Heringe sind nicht stumm. Sie

Abb. 155 Hering

Abb. 156 Sprotte

stoßen Töne aus, wenn sie sich zum Schwarm sammeln oder wenn sie beunruhigt werden.

Ein Heringsweibchen legt bis zu 30 000 Eier ab. Die Eier sinken auf den Grund. Dort bleiben sie haften und bilden an manchen Stellen eine mehrere Zentimeter starke Schicht. Die Nahrung der Heringe besteht aus Kleinkrebsen, Schwimmschnecken, Fischeiern, Fischlarven und kleinen Fischen. Sie selbst werden von sehr vielen Tieren gefressen: von Robben, Walen und Raubfischen. Ihr Laich fällt den Bodentieren, wie Krebsen und Stachelhäutern, zum Opfer.

Art Sprotte

Die Sprotte lebt ähnlich wie der Hering im Schwarm, wandert aber nicht so weit umher. Im Frühjahr und im Herbst halten sich die Sprottenschwärme in Küstennähe auf. Die Sprotte kann bis zu 17 Zentimeter lang werden.

Familie Lachse

Lachse

1	1°
kleine Mundspalte, Zunge zahnlos –	große Mundspalte, Zunge mit Zähnen – 2
Maräne	
2	2°
Körperseiten mit rotem Längsband –	Körperseiten ohne rotes Längsband – 3
Regenbogenforelle (Abb. 158)	
3	3°
Schwanzflosse ausgeschnitten, Fettflosse rötlichgrau –	Schwanzflosse fast gerade, Fettflosse rot oder rot gerandet –
Lachs (Abb. 160)	*Bachforelle* (Abb. 159)

Art Lachs

Die Laichplätze der Lachse befinden sich im Oberlauf schnellfließender Bäche mit kiesigem Grund. Das Weibchen legt für seine Eier eine Grube an. Die Eier werden mit Sand und Kies bedeckt. Nach dem Laichen geht ein Teil der Fische zugrunde. Die anderen wandern zurück ins Meer. Im Herbst beginnen die Wanderungen stromaufwärts von neuem. Die Fische wandern in kleinen Trupps. Hindernisse überwinden sie durch Sprünge.

Abb. 157 Kleine Maräne

Abb. 159 Bachforelle

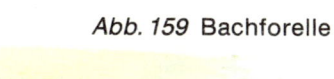

Abb. 158 Regenbogenforelle

Art Forelle

Die Bachforelle wird 25 Zentimeter lang. Ihr Rücken ist grünbraun gefärbt, der Körper rot und schwarz gefleckt. Die Bachforelle laicht in den Wintermonaten. Ein Weibchen legt 500 bis 1500 Eier ab. Als wertvoller Speisefisch wird die Bachforelle auch in Fischzuchtgewässern gezüchtet. Die Regenbogenforelle wurde aus Nordamerika nach Europa eingeführt. Sie wird nur in Teichwirtschaften gehalten und hat großen wirtschaftlichen Wert.

Abb. 160 Lachs

Abb. 161 Hecht

Familie Hechte

Art Hecht

Der Hecht lebt in Seen und langsam fließenden Gewässern. Meist hält er sich zwischen Wasserpflanzen verborgen. Seine Schutzfärbung tarnt ihn gut. Hier lauert er auch seiner Beute auf. Mit einem plötzlichen Vorstoß schnappt er mit seinem breiten Maul nach vorüberschwimmenden Fischen. Auch seinesgleichen verschont er nicht.

Im März und April ist Laichzeit. Die Eier, 100 000 bis 300 000 und mehr, werden im flachen pflanzenreichen Wasser abgelegt, oft auf überschwemmten Wiesen. Der Hecht wächst sehr schnell. Er kann über 1,50 Meter lang und 30 Kilogramm schwer werden.

Familie Karpfen

Karpfen

1	1°
Rückenflossen mit 17–22 Weichstrahlen – 2	Rückenflossen kürzer, weniger als 12 Weichstrahlen – 3
2	2°
mit Bartfäden – *Karpfen* (Abb. 171)	ohne Bartfäden – *Karausche*
3	3°
mit Bartfäden – 4	ohne Bartfäden – 6
4	4°
Schuppen klein, in der Haut verborgen – *Schleie* (Abb. 172)	Schuppen groß – 5
5	5°
mit 2 Bartfäden – *Gründling*	mit 4 Bartfäden – *Flußbarbe*

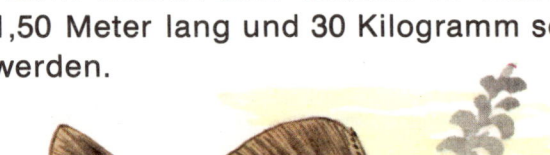

Abb. 162 Karausche

Abb. 163 Gründling

Abb. 164 Flußbarbe

Abb. 166 Rotfeder

6	6°
Seitenlinie unvollständig – 7	Seitenlinie vollständig – 8
7	7°
Mund deutlich oberständig, Körper langgestreckt – *Moderlieschen*	Mund endständig, Körper mit hohem Rücken – *Bitterling* (Abb. 175)
8	8°
Afterflosse hat bis 12 Weichstrahlen – 9	Afterflosse hat mehr als 14 Weichstrahlen – 13
9	9°
zwischen Bauch- und Afterflosse ein scharfer Kiel von geknickten Schuppen – *Rotfeder*	kein Kiel zwischen Bauch- und Afterflosse – 10

10	10°
Schuppen sehr klein, kaum sichtbar – *Elritze* (Abb. 174)	Schuppen größer – 11
11	11°
9 Schuppenreihen oberhalb der Seitenlinie – *Aland*	weniger als 9 Schuppenreihen oberhalb der Seitenlinie – 12

Abb. 165
Moderlieschen

Abb. 167 Aland

Abb. 168 Döbel

Abb. 170 Zährte

12
Körper im Querschnitt fast kreisrund, Kopf dick, tiefe Mundspalte –
Döbel
13
Rücken bildet hinter der Rückenflosse einen Kiel, Schnauze vorspringend –
Zährte

12°
Körper seitlich zusammengedrückt, Kopf schmal, Mund klein –
Plötze
13°
Rücken bildet keinen Kiel – *Blei* oder *Brachsen* (Abb. 173)

Abb. 169 Plötze

Art Karpfen

Der Karpfen lebt in größeren stehenden oder wenig fließenden Gewässern mit weichem Grund. Er ist ein Allesfresser. Zu seiner Nahrung gehören hauptsächlich Würmer, Schnecken, Krebstiere, Insektenlarven und Wasserpflanzen. Bei künstlicher Fütterung in den Fischzuchtteichen werden sie mit Getreidekörnern und Hülsenfrüchten gefüttert. Die Zuchtformen der Karpfen wachsen schneller und sind fleischiger als die Wildformen. Das Schuppenkleid kann verschiedenartig sein. Danach unterscheidet man Zeilen- und Spiegelkarpfen. Karpfen ohne Schuppen heißen Lederkarpfen. Im Winter ziehen sich die Karpfen in tiefere schlammige Stellen zurück. Sie nehmen dann keine Nahrung zu sich.

Art Schleie

Die Höchstlänge der Schleie beträgt 60 Zentimeter. In Ausnahmefällen kann sie bis

7,5 Kilogramm schwer werden. Sie sieht dunkelbraungrau aus und glänzt metallisch. Ihr Bauch ist heller. Alle Flossen wirken rund. Die Schleie bewohnt langsam fließende oder stehende Gewässer. Sie ist ein Dämmerungstier und ein Allesfresser.

Abb. 172 Schleie

Abb. 171 Spiegelkarpfen

Während der Laichzeit im Mai bis Juli legt das Weibchen 300 000 klebrige Eier, die an Wasserpflanzen haftenbleiben.

Art Plötze

Die Plötze wird in der Regel nicht länger als 25 Zentimeter. Sie lebt in stehenden und langsám fließenden Gewässern. Ihre Nahrung besteht aus Insektenlarven, Schnekken, Kleinkrebsen und Wasserpflanzen. Im April bis Mai legt sie in Ufernähe bis 100 000 Eier.

Art Blei oder Brachsen

Der Blei ist verhältnismäßig hochrückig und von grauer oder goldbräunlicher Farbe und wird nicht länger als 45 Zentimeter. Junge Bleie halten sich im Schwarm in Ufernähe auf. Mit zunehmendem Alter werden sie scheu und ziehen sich in die Tiefe zu-

Abb. 173 Blei

Art Elritze

Die Elritze braucht rasch fließende Gewässer mit hohem Sauerstoffgehalt. Man trifft sie deshalb auch in größeren Höhenlagen an. Elritzen leben im Schwarm. Die 7 bis 14 Zentimeter langen Fischchen fallen durch ihre Lebhaftigkeit auf. Ihre Rückenseite ist olivgrün und hat dunkle Querbinden. Ein goldglänzender Längsstreifen verläuft oberhalb der Seitenlinie. Das Männchen hat zur Laichzeit eine rötliche Kehle und einen rötlichen Bauch. Elritzen sind so selten geworden, daß sie unter Naturschutz gestellt werden mußten.

rück. Der Blei sucht seine Nahrung vor allem am Boden, den er mit seinem rüsselartig vorstülpbaren Maul nach Zuckmückenlarven, kleinen Muscheln und anderen Kleintieren durchwühlt. Nur nachts kommt er an die Oberfläche.

Abb. 175 Bitterling

Abb. 174 Elritze

Art Bitterling

In stehenden und ruhig fließenden Gewässern, in denen es auch Maler- oder Teichmuscheln gibt, lebt der Bitterling. Das ist ein graugrünes, bis 9 Zentimeter langes Fischchen mit silbrigem Bauch. Zur Laichzeit – im Mai und Juni – verändern sich die Fische. Das Männchen wird am Bauch orangefarben, die Seiten färben sich blau.

Dem Weibchen wächst eine 5 Zentimeter lange Legeröhre. Das Männchen sucht eine Muschel und lockt das Weibchen herbei. Das Weibchen legt mit Hilfe der Legeröhre etwa 40 Eier in den Kiemenraum der Muschel. Dort schlüpfen die Jungfische, die die Muschel erst dann verlassen, wenn sie voll ausgebildet sind. Ohne Maler- oder Teichmuscheln ist eine Fortpflanzung beim Bitterling nicht möglich. Auch der Bitterling zählt heute zu den geschützten Fischarten.

Familie Echte Welse
Art Wels

Nur selten wird bei uns ein Wels angetroffen. Er lebt in tieferen Gewässern mit weichem Grund. Der Wels wird 1 bis 3 Meter lang oder, wenn auch seltener, noch länger. Sein

Abb. 177 Wels

Abb. 176 Flußaal

walzenförmiger Körper mit dem großen breiten Maul ist schuppenlos. Der schwarzblaue Fisch, olivgrün oder bräunlich marmoriert, hat eine ausgezeichnete Schutzfärbung. Er stellt allem nach, was er nur verschlingen kann. So frißt er nicht nur Fische, sondern auch Wasservögel und kleine Säugetiere.

Familie Echte Aale
Art Flußaal

Der Flußaal wird als Speisefisch sehr geschätzt. Sein schlangenähnlicher Körper besitzt keine Bauchflosse. Rücken-, Schwanz- und Afterflosse bilden einen ein-

Abb. 178 Kaulbarsch

Abb. 179 Flußbarsch

heitlichen Saum. Tagsüber liegt er im Schlamm vergraben. Nachts geht er auf Nahrungssuche. Der Aal frißt Kleintiere. Er lebt sowohl in stehenden als auch in fließenden Gewässern. Zur Fortpflanzungszeit wandern die Aale flußabwärts bis ins Meer. Ihre Wanderung führt sie dann über riesige Strecken bis in den Atlantischen Ozean. In der Sargasso-See befindet sich in 400 Metern Tiefe ihr Laichplatz. Hier legen sie ihre Eier ab. Nach dem Laichen sterben die Aale. Die Jungfische unternehmen die gleiche Wanderung in umgekehrter Richtung. Sie brauchen 3 Jahre, bis

sie die europäische Küste erreichen. Dann ziehen sie flußaufwärts, und erst im Alter von 9 bis 12 Jahren begeben sie sich auf den Weg zu ihren Laichplätzen.

Familie Echte Barsche

Barsche

1	1°
Rückenflossen gehen ineinander über – *Kaulbarsch*	Rückenflossen von einander getrennt – 2

Abb. 180 Zander

2	2°
im Mund nur kleine Zähne, Körper nicht langgestreckt – *Flußbarsch*	im Mund kleine und große Zähne, Körper langgestreckt – *Zander*

Art Flußbarsch

Der Flußbarsch wird 15 bis 30 Zentimeter lang. Er ist bei uns häufig und hält sich in kleinen Trupps zusammen. Als Jungfisch frißt er kleine Tiere. Später, wenn er erwachsen ist, wird er ein Raubfisch und ernährt sich von Fischen und Krebsen. Seinen Laich legt er in 1 bis 2 Zentimeter breiten Bändern netzartig an Steinen und Wasserpflanzen ab.

Abb. 182 Dreistachliger Stichling

Abb. 181 Makrele

Familie Makrelen
Art Makrele

Die Makrele kommt auf ihren weiten Wanderzügen in großen Schwärmen regelmäßig in die Ostsee. Sie wird bis zu 50 Zentimetern lang. Nur den Winter verbringt dieser Oberflächenfisch in der Tiefe. Ein Weibchen legt bis zu 400 000 Eier. Die Eier, mit einer Ölkugel versehen, können im Wasser schweben und sinken nicht zu Boden. Makrelen ernähren sich anfangs von Krebstieren, doch nach dem Laichen werden sie zu Raubfischen und fressen Heringe, Sprotten, Sardinen, kleine Schellfische und andere. Sie folgen dann ihren Nahrungsfischen auf weiten Strecken nach.

Familie Stichlinge

Stichlinge

1	1°
3 (auch 2–5) Stacheln vor der Rückenflosse – *Dreistachliger Stichling*	9–11 Stacheln vor der Rückenflosse – *Neunstachliger Stichling*

Art Dreistachliger Stichling

Der Dreistachlige Stichling ist ein kleines Fischchen. Vor der Rückenflosse stehen

Abb. 183 Neunstachliger Stichling

im Wasser umher. Später sinken sie auf den Grund und wandeln sich um, weil sie nun stets eine Körperseite dem Meeresgrund zukehren. Von dieser Körperseite wandert das Auge auf die nach oben gekehrte Seite, und auch das Maul verändert seine Stellung, es wird schief. Die dem Grunde zugekehrte Körperseite bleibt ohne Pigment, die nach oben zeigende weist dagegen eine Schutzfärbung auf.

Plattfischartige

1	1°
Körperfläche glatt – *Scholle*	Körperoberfläche rauh am Kopf und vorderen Teil der Seitenlinie und an der Basis der Flossensäume – *Flunder*

3 frei stehende Stacheln, und die Bauchflossen tragen je einen großen Stachel. In ein vom Männchen aus Wasserpflanzen gebautes Nest legt das Weibchen die Eier ab. Das Männchen bewacht den Laich und fächelt ihm frisches Wasser zu. Während dieser Zeit trägt das Männchen ein auffälliges Hochzeitskleid: Sein Rücken schimmert metallisch grün, der Bauch sieht rot aus. Die Larven bleiben so lange im Nest, bis der Dottersack aufgezehrt ist. Dann ernähren sie sich zunächst von Krebschen. Später fressen sie auch Laich und Brut anderer Fische und schädigen die Nachkommenschaft vieler Nutzfische.

Abb. 184 Scholle

Ordnung Plattfischartige

Scholle, Flunder, Steinbutt gehören zu den Plattfischen. Sie leben am Meeresgrund. Ihr Körper ist flach, platt. Die aus den frei schwimmenden Eiern schlüpfenden Larven schwimmen eine Zeitlang wie andere Fische

Abb. 185 Flunder

Klasse Lurche

Salamander, Molche Kröten und Frösche zählen zu den Lurchen. Sie werden auch Amphibien genannt. Es sind wechselwarme Wirbeltiere, denn ihre Körpertemperatur gleicht immer der Temperatur ihrer Umgebung. Bei Kälte fallen sie in einen Starrezustand, und erst bei Erwärmung zeigen sie wieder Lebensäußerungen. Die Lurche haben eine nackte und drüsenreiche Haut. Deshalb sind sie an feuchte Lebensstätten gebunden. An anderen Orten bestünde die Gefahr des Austrocknens. Die Larven der Lurche atmen durch Kiemen, die erwachsenen Tiere dagegen durch Lungen. Ihre Lungen sind jedoch nicht so reich gegliedert wie bei den Reptilien, Vögeln oder Säugetieren, und so muß die Haut einen großen Teil der Atmung übernehmen.

Die Lurche pflanzen sich nur im Wasser fort. Die Eier – der Laich – werden ins Wasser abgegeben, an Wasserpflanzen geheftet oder auf dem Boden der Gewässer abgelegt. Aus den Eiern schlüpfen die Larven, die bei den Froschlurchen Kaulquappen heißen. Äußerlich ähneln die Kaulquappen kleinen Fischchen. Sie haben noch keine Beine, und ihr Schwanz trägt einen hohen Flossensaum. Die Larven der Lurche ernähren sich von Pflanzenstoffen. Erwachsene Tiere sind Räuber. Ihre Nahrung besteht dann aus Würmern, Insekten und deren Larven, aus Spinnen und aus Schnecken.

Bis zum erwachsenen Lurch macht die Larve eine tiefgreifende Umwandlung durch. Äußerlich sichtbar wird das durch das Erscheinen der Gliedmaßen. Bei den Molchen wachsen zuerst die vorderen, bei den Fröschen und Kröten die hinteren Beine. Der Flossensaum auf dem Schwanz bildet sich zurück. Und bei den Froschlurchen verschwindet der Schwanz völlig. Nun verlassen die Tiere das Gewässer und gehen zum Landleben über. Zur Fortpflanzungszeit aber müssen sie das Wasser wieder aufsuchen. Viele Arten bleiben immer in der Nähe von Gewässern. Auch bei Gefahr retten sie sich ins Wasser.

Die Lurche, die die Winterszeit an Land verbringen, verstecken sich hier in Höhlen zwischen Steinen, im Boden unter Bäumen und Wurzeln. Oft versammeln sich an solchen Stellen die Tiere in großer Anzahl, mitunter Vertreter verschiedener Arten. Diese Stätten müssen genügend tief unter der Erde liegen, damit der Frost nicht zu den Tieren vordringen kann.

In der Winterstarre wirken die Tiere wie tot. Doch stehen die Lebensprozesse nicht still, sie sind nur stark herabgesetzt. Auch die Atmung geht weiter. Es wird aber so wenig Sauerstoff für das Minimum des Stoffwechsels gebraucht, daß sein Bedarf bei Lurchen, die im Schlamm auf dem Grunde der Teiche überwintern, durch die Hautatmung gedeckt werden kann. Der im Wasser gelöste Sauerstoff reicht hierfür aus.

Im Frühjahr verlassen die Lurche ihre Verstecke wieder.

Alle Lurche gehören heute zu den geschützten Tierarten.

Wir unterscheiden 2 Gruppen von Lurchen: die Schwanzlurche und die Froschlurche.

Die Schwanzlurche behalten ihren Schwanz auch als erwachsene Tiere. Sie leben teils im Wasser, teils auf dem Lande. Ihre Larven haben äußere Kiemen.

Die Froschlurche haben im erwachsenen Zustand einen gedrungenen, schwanzlosen Körper. Ihre hinteren Gliedmaßen sind meist zu langen Sprungbeinen entwickelt.

Lurche

1
mit Schwanz – *Schwanzlurche* – 2
2
Schwanz rundlich, Färbung schwarz mit gelben Flecken oder Längsbinden – *Feuersalamander* (Abb. 186)
3
Nur Bauchmitte gelb bis orangefarben, Bauchseite mit gelblichweißer Binde – *Teichmolch* (Abb. 189)
4
Bauchseite schwarz gefleckt, Flanken mit vielen weißen Punkten – *Kammolch* (Abb. 188)
5
Bauch schwärzlich mit gelben oder roten Flecken – 6
6
Bauch rot – *Rotbauchunke* (Abb. 190)
7
Haut mit Warzen, Pupille senkrecht – 8
8
Oberseite grau, mit kleinen Warzen bedeckt, ungefleckt an jeder Rückenseite eine Reihe größerer knopfförmiger Warzen – *Geburtshelferkröte* (Abb. 191)
9
ohne äußere Schallblasen – 10
10
kleiner, etwa 5 cm langer laubgrüner Frosch, heller Streifen an den Körperseiten, Haftscheiben an den Zehen – *Laubfrosch* (Abb. 196)

1°
ohne Schwanz – *Froschlurche* – 5
2°
Schwanz seitlich zusammengedrückt – 3

3°
ganzer Bauch gelb bis orange, Bauchseite ohne gelblichweiße Binde – 4

4°
Bauch ohne schwarze Flecken, Flanken ohne weiße Punkte – *Bergmolch* (Abb. 187)
5°
Bauch hell ohne gelbe oder rote Flecken – 7

6°
Bauch gelb – *Gelbbauchunke*
7°
Haut glatt, Pupille waagerecht – 9
8°
Oberseite graubraun, dicht mit großen Warzen bedeckt, Oberseite und grauweißer Bauch oft dunkel gefleckt – *Erdkröte* (Abb. 195)
9°
mit äußeren Schallblasen – 11
10°
Oberseite gelbrot, rot- bis schwarzbraun, einfarbig oder dunkel gefleckt, Bauch grau oder bräunlich bis rötlich marmoriert, keine Haftscheiben an den Zehen – *Grasfrosch* (Abb. 194)

11
Oberseite grasgrün oder bräunlich, oft dunkel gefleckt, wird bis 9 cm groß – *Wasserfrosch* (Abb. 192)

11°
Oberseite nicht grasgrün, sondern mehr olivgrün, oft ganz braun mit dunklen oder auch hellen grünlichen Flecken, wird bis 17 cm groß – *Seefrosch* (Abb. 193)

Abb. 187 Bergmolch

Larve

Familie Salamander und Molche

Art Feuersalamander

Der Feuersalamander lebt in der Nähe von Quellen und Bächen des Hügel- und Berglandes. Dieses auffällige schwarz-gelb gefärbte Tier wird bis zu 20 Zentimeter lang. Es ernährt sich von Würmern, Schnecken und Gliederfüßern.

Feuersalamander sind lebendgebärend. Bis zu 70 Larven setzt ein Muttertier ins flache Wasser ab. Im Laufe von 2 bis 3 Monaten erfolgt ihre Umwandlung zu erwachsenen Tieren. Dann gehen die jungen Salamander zum Landleben über.

Art Bergmolch

Der Bergmolch bewohnt fließende und stehende Gewässer der Mittelgebirge. Das Männchen wird bis zu 8 Zentimeter, das größere Weibchen bis zu 11 Zentimeter lang. Wie bei allen Molchen ist der Schwanz des Bergmolches seitlich abgeplattet. Die Oberseite ist schwärzlich bis bräunlich gefärbt und meist dunkel marmoriert. Das Männchen trägt zur Fortpflanzungszeit einen Rückenkamm. Seine Körperseiten schmückt ein himmelblaues Längsband.

100 bis 400 Eier werden meist nachts einzeln an Wasserpflanzen abgelegt. Die Larven verwandeln sich nach 2 bis 4 Monaten. Dann führen die Tiere bis zum nächsten Frühjahr ein sehr verstecktes Leben an feuchten Orten an Land.

Art Kammolch

Der Kammolch, ein gewandter Schwimmer, ist unser größter einheimischer Molch. Das Männchen wird bis zu 14 Zentimeter, das

Abb. 186 Feuersalamander

Weibchen bis 18 Zentimeter lang. Im Frühjahr hat das Männchen einen hohen gezackten Rückenkamm. Dieser beginnt auf dem Kopf und ist vom oberen Schwanzsaum durch einen tiefen Einschnitt getrennt. Das Weibchen trägt keinen Rückenkamm, sondern nur einen oberen und unteren Schwanzsaum. Beim Männchen verläuft über die Schwanzseiten außerdem ein perlmuttfarbenes Band. Die Oberseite der Kammolche sieht oliv- bis grau- oder schwarzbraun aus, oft ist sie gefleckt. Der Kammolch kommt nicht sehr häufig vor. Er lebt in stehenden Gewässern, in pflanzenreichen Teichen und Wassergräben.

Seine Eier legt er stets einzeln an Wasserpflanzen ab. Die Nahrung besteht aus kleinen Krebsen, Insekten, deren Larven und aus Würmern.

Art Teichmolch

Das Männchen des Teichmolchs wird bis 12 Zentimeter, das kleinere Weibchen bis 9,5 Zentimeter lang. Wir können den Teichmolch, unsere häufigste Molchart, in stehenden und langsam fließenden Gewässern, ja selbst in Pfützen finden. Bei günstiger Witterung geht er schon im Januar ins Wasser. Er bleibt dort bis zum Sommer. Manchmal überwintern erwachsene Tiere auch im Wasser. Zur Paarungszeit trägt das

Abb. 188 Kammolch

Männchen einen sehr hohen wellenförmigen Rückenkamm, der aber nicht wie beim Kammolch am oberen Schwanzsaum einen Einschnitt besitzt, sondern darin übergeht. Das Weibchen hat keinen Rückenkamm. Die Oberseite ist hell- oder dunkelbraun gefärbt und hat schwarze Flecken. Kehle und Bauch sind gefleckt oder getüpfelt. Die dunklen Längsbinden am Kopf sind beim Weibchen undeutlich oder fehlen ganz.

Familie Scheibenzüngler

Artengruppe Unken

„Ung-ung-uh-uh" klingen die Unkenrufe. Teiche, Gräben und auch kleinste Tümpel sind der Lebensraum der 4,5 Zentimeter großen Rotbauchunke. Trocknen die Gewässer aus, kann sie durch einen Trockenschlaf im Schlamm die für sie ungünstige Zeit überstehen. Unken springen verhältnismäßig gut. Droht ihnen Gefahr, werfen sie sich oft auf den Rücken und schrecken den Feind mit der auffälligen Unterseite.

Abb. 189 Teichmolch

Abb. 190 Rotbauchunke

Diese ist bei der Rotbauchunke bläulichschwarz mit roten Flecken, bei der Gelbbauchunke mit gelben Flecken versehen. Die Nahrung der Unken besteht besonders aus Mücken, Fliegen, Hautflüglern (sogar Wespen), aus Würmern und kleinen Schnecken.

Art Geburtshelferkröte

Die Geburtshelferkröte lebt bei uns im Harz und in Westthüringen. Sie ist ein Nachttier und lebt versteckt in Steinbrüchen, unter Steinen und auch im Mauerwerk alter Häuser. Während der Fortpflanzungszeit wickeln sich die Männchen die Eischnüre, die 20 bis 100 Eier enthalten können, um ihre Hinterbeine und tragen den Laich mit sich herum. Nach 2 bis 3 Wochen suchen sie das Wasser auf und schwimmen lebhaft hin und her. Dabei schlüpfen in wenigen Minuten die Larven. Danach werden die leeren Eihüllen abgestreift.

Abb. 191 Geburtshelferkröte

Laichschnüre ♂

Abb. 193 Seefrosch

Der Ruf der Geburtshelferkröte klingt glockenähnlich. Man nennt sie daher auch Glockenfrosch.

Familie Echte Frösche
Art Wasserfrosch
Den ganzen Sommer hindurch hört man die lauten Konzerte der Wasserfrösche oder

Abb. 192 Wasserfrosch

Teichfrösche aus Teichen mit reichlichem Pflanzenwuchs. Die Wasserfrösche sonnen sich gern auf Schwimmpflanzen. Erwachsene Tiere verbringen den Winter meist auf dem Grunde von Gewässern, die jungen Wasserfrösche dagegen überwintern an Land.

Art Seefrosch
Der Seefrosch ähnelt dem Wasserfrosch im Aussehen und in der Lebensweise. Man trifft ihn in pflanzenreichen Gewässern oft sehr häufig an. Seiner Größe entsprechend frißt er große Beutetiere, mittelgroße Frösche, Fische, kleine Säugetiere und Vögel.

Art Grasfrosch
Der Grasfrosch wird bis zu 10 Zentimeter lang. Im Sommer trifft man ihn oft weit vom

Wasser entfernt auf dem Lande an. Zum Überwintern finden sich die erwachsenen Tiere in Massen auf dem Grunde der Gewässer ein. Die Jungfrösche überwintern meist an Land.

Familie Kröten
Art Erdkröte

Die Erdkröte, unsere häufigste Kröte, geht vor allem nachts auf Nahrungssuche, aber im Sommer können wir die jungen Kröten auch tagsüber in großer Anzahl auf Waldwegen und Wiesen umherhüpfen sehen. Aus dem Laich einer Erdkröte können sich bis zu 7000 Larven entwickeln. Das Männchen wird 8 Zentimeter lang, das Weibchen etwa 13 Zentimeter.

Abb. 195 Erdkröte

Abb. 194 Grasfrosch

Die Erdkröte bewegt sich langsam, kann aber auch kurze Sprünge machen. Fühlt sie sich angegriffen, bläht sie ihren Körper auf. Sie kann als Abwehr ein scharfes Hautsekret abgeben.

Erdkröten leben an den verschiedensten Orten, in Wäldern, auf Wiesen und Feldern, in Gärten und Parks. Sie vertilgen zahlreiche Schädlinge, besonders Würmer und Schnecken, und sind deshalb geschützt.

Familie Laubfrösche
Art Laubfrosch

Der Rücken des Laubfrosches sieht meist laubgrün aus. Doch kann seine Färbung je nach Stimmung und Umgebung von fast schwärzlich bis nahezu hellgelb wech-

Abb. 196 Laubfrosch

Klasse Kriechtiere

Schildkröten, Schleichen, Eidechsen und Schlangen sind in unserer Heimat vorkommende Kriechtiere, auch Reptilien genannt. Kriechtiere atmen durch Lungen, die reicher gegliedert sind als die der Lurche, die Hautatmung spielt deshalb keine große Rolle mehr. Die Haut der Reptilien hat fast keine Drüsen; sie ist mit kleinen Hornschuppen oder mit größeren Hornschildern bedeckt und trocken.

Reptilien sind wie die Lurche wechselwarme Tiere. Sie brauchen sehr viel Sonnenwärme. Auch sie verfallen im Winter in eine Kältestarre. Diese Jahreszeit verbringen sie in zum Teil selbst gegrabenen Erdlöchern, in Baumhöhlen, unter Moos und Steinen. Oft finden sich an besonders günstigen Orten viele Tiere ein, manchmal auch verschiedene Arten.

Die meisten Kriechtiere sind nicht so stark an das Wasser gebunden wie die Lurche. Sie vergraben ihre Eier im Boden und kümmern sich dann nicht mehr darum. Die schlüpfenden Jungen sehen den Eltern bereits sehr ähnlich, denn bei den Reptilien gibt es kein Larvenstadium. Einige Kriechtiere legen keine Eier, sondern bringen lebende Junge zur Welt.

Alle Reptilien stehen bei uns unter Naturschutz.

Aus dem Zoo kennen wir außer unseren einheimischen Reptilien noch weitere Formen, wie Krokodile, Leguane, Warane, Chamäleons, Riesenschlangen und noch

seln. Laubfrösche leben in Baumkronen und können nicht nur gut springen, sondern mit den Haftscheiben an den Zehen selbst an sehr glatten Flächen emporklettern.

Aus den Kronen der Bäume hört man oft ihre lauten Stimmen, wenn sie sich dort oben sonnen. Bei Regen verstecken sie sich unter den Blättern oder springen ins Wasser. So reagiert der Laubfrosch auf die Veränderung der Witterung.

Zur Laichzeit werden bis zu 1000 Eier in kleinen Klumpen an Wasserpflanzen geklebt. Die geschlüpften Larven bewegen sich flink wie kleine Fische. Die Nahrung des Laubfrosches besteht aus Insekten. Im Sprung erhascht er sie mit seiner Klebezunge.

viele andere. In früheren Erdzeitaltern lebten einmal neben kleinen auch Riesenformen der Reptilien, die Riesensaurier.

Kriechtiere (Reptilien)

1	1°
Körper mit Panzer – *Sumpfschildkröte* (Abb. 197)	Körper mit Schuppen – 2
2	2°
Körper mit Gliedmaßen – 3	Körper ohne Gliedmaßen – 5
3	3°
Rücken mit braunem, dunkel eingefaßtem weißgeflecktem Längsband – *Zauneidechse* (Abb. 199)	Rücken ohne eingefaßtes Längsband – 4
4	4°
Rücken braun – *Waldeidechse* (Abb. 198)	Rücken grün – *Smaragdeidechse* (Abb. 201)
5	5°
Auge kann geschlossen werden, Kopf eidechsenartig – *Blindschleiche* (Abb. 200)	Auge kann nicht geschlossen werden – 6
6	6°
Gelbe Halbmonde an Kopfseiten – *Ringelnatter* (Abb. 202)	keine gelben Halbmonde an Kopfseiten – *Kreuzotter* (Abb. 203)

Ordnung Schildkröten

Art Europäische Sumpfschildkröte

Der Körper der Schildkröten ist mit einem festen Panzer umgeben, aus dem Kopf, Beine und Schwanz herausragen. Schuppen bedecken die Gliedmaßen und den Schwanz. Die rundlichen Eier der Schildkröten haben eine Kalkschale. Sie werden in selbstausgehobene Gruben abgelegt und danach mit Erde oder Sand zugedeckt. Dort bleiben sie sich selbst überlassen.

Abb. 197 Europäische Sumpfschildkröte

Bei uns lebt nur eine Schildkrötenart – die Europäische Sumpfschildkröte mit einer Panzerlänge bis zu 25 Zentimetern. Auf dem Rücken sieht der Panzer dunkel aus und hat gelbliche Sprenkel und Striche.
Die Sumpfschildkröte lebt nur in abgelegenen langsam fließenden oder stehenden Gewässern, deren Ufer bewachsen sind. Tagsüber sonnt sie sich gern am Ufer. Wird dieses scheue Tier beunruhigt, flüchtet es sofort ins Wasser. Unter Wasser fängt die Schildkröte sich auch ihre Nahrung: Fische, Lurche, Würmer und Wasserinsekten. Treiben auf dem Wasser Fischschwimmblasen, so können wir annehmen, daß an diesem Ort Sumpfschildkröten vorkommen.
Die Sumpfschildkröte legt 10 bis 15 Eier. Die Jungen schlüpfen im Herbst oder erst im nächsten Frühjahr. Der kreisrunde Panzer der frischgeschlüpften, etwa 2,5 Zentimeter langen Tierchen ist noch weich.

Ordnung Schuppenkriechtiere

Echsen und Schlangen sind Schuppenkriechtiere. Sie haben einen langgestreckten, mit Hornschuppen und Hornschildern bedeckten Körper. Die äußere Haut wird in gewissen Zeitabständen abgestreift. Man nennt das Häutung. Bei den Eidechsen löst sich die Haut in Fetzen ab. Die Schlangen, bei denen die Häutung am Kopf beginnt, können „aus ihrer Haut fahren". An Sträuchern oder Wurzeln im Wald kann man manchmal so ein Natternhemd finden.
Echsen und Schlangen legen Eier mit einer pergamentartigen Schale, oder sie bringen lebende Junge zur Welt.
Am Munddach befindet sich ein Sinnesorgan, mit dessen Hilfe Gerüche wahrgenommen werden. Durch das Züngeln gelangen die Geruchsstoffe dorthin. Auf diese Weise und mit Hilfe der Augen finden diese Kriechtiere ihre Beute.

Familie Halsbandeidechsen
Art Waldeidechse
Der braune Rücken der Waldeidechse ist mit gelben und schwarzen Punkten gesprenkelt. An beiden Seiten zieht sich ein breites Längsband hin. In der Mitte des Rückens verläuft ein schmales unterbrochenes Band. Waldeidechsen leben an schattigen und feuchten Stellen. Sie sind wenig kälteempfindlich und beginnen ihre Winterruhe erst im Oktober und beenden sie oft schon im Februar.
Die Waldeidechse wird bis zu 17 Zenti-

Abb. 198 Waldeidechse

Abb. 199 Zauneidechse

meter lang. Sie bringt lebende Junge zur Welt.
Art Zauneidechse
Die Zauneidechse hat einen rundlichen Körper und wird etwa 20 Zentimeter lang. Ihr Rücken, mit einem braunen, dunkel eingefaßten Längsband in der Mitte, hat helle, dunkel umrandete Flecken. Die Körpersei-

ten sehen beim Männchen grün, beim Weibchen graubraun aus.

Die Zauneidechse bevorzugt warme und trockene Stellen, wie Waldränder, Bahndämme und Böschungen. Sie frißt Insekten, deren Larven und Würmer. Sie legt bis zu 14 Eier, aus denen nach 8 Wochen die Jungen schlüpfen.

Art Smaragdeidechse

An hellen besonnten Plätzen – auf Steinhalden, an Wegrändern, in lichten Wäldern oder an Gemäuern – hält sich die Smaragdeidechse auf. Sie kommt bei uns äußerst selten vor. Ihr Rücken ist grün und dunkel gefleckt, der Bauch gelblichweiß. Das Männchen hat während der Paarungszeit eine leuchtend blaue Kehle.

Die Smaragdeidechsen bewegen sich schnell und klettern gut. Sie werden 40 Zentimeter lang.

Familie Schleichen

Art Blindschleiche

Eine Blindschleiche wird bis zu 45 Zentimeter lang. Sie hat einen schlangenartigen Körper, ist aber keine Schlange. Ihr Kopf ähnelt dem einer Eidechse. Der Rücken sieht braun aus und glänzt bei den Männchen golden, bei den Weibchen mehr silbrig.

Blindschleichen gebären bis zu 25 lebende Junge.

An lichten Stellen, die nicht zu trocken sein dürfen, auf Wiesen, unter Gebüschen, an Waldrändern, in Gärten, ja sogar in Ameisenhaufen können wir Blindschleichen an-

Abb. 200 Blindschleiche

treffen. Sie fressen Nacktschnecken und Regenwürmer. Blindschleichen können über 50 Jahre alt werden.

Familie Nattern

Art Ringelnatter

Die Weibchen der Ringelnatter werden etwa 1,5 Meter lang, die Männchen nur etwa 1 Meter. Sie leben hauptsächlich in und an stehenden und langsam fließenden Gewässern. Hier finden sie auch ihre Nah-

Abb. 201 Smaragdeidechse

Abb. 202 Ringelnatter

Sie macht Jagd auf Mäuse und frißt auch Frösche und Eidechsen. Hat sie eine Beute wahrgenommen, schnellt sie plötzlich den Kopf nach vorn. Dabei werden die Giftzähne aufgerichtet. Mit einem Biß vergiftet sie das Beutetier und läßt es dann frei. Schon nach kurzer Zeit ist das Opfer tot. Durch Züngeln findet die Kreuzotter ihre Beute wieder.

Der Biß der Kreuzotter ist auch für den Menschen gefährlich. Doch beißt eine Kreuzotter uns nur, wenn sie gereizt wird. Meist ist sie schon verschwunden, ehe wir sie zu Gesicht bekommen. Wird dennoch jemand gebissen, so muß man die Bißstelle sofort abbinden und einen Arzt aufsuchen.

Die Kreuzotter bringt 15, etwa 20 Zentimeter lange, Junge mit voll entwickelten Giftzähnen zur Welt. Die Jungen häuten sich sofort nach ihrer Geburt.

Abb. 203 Kreuzotter

rung – Fische und Frösche, zuweilen auch Kröten und Molche. Ringelnattern schwimmen und tauchen sehr gewandt.

Familie Ottern
Art Kreuzotter
Die sehr wärmebedürftige Kreuzotter bevorzugt stark besonntes Gelände, kommt aber auch in nicht zu dichten Wäldern vor.

Klasse Vögel

Mit Ausnahme von Schnabel, Lauf und Zehen ist bei den meisten Vögeln der ganze Körper mit Federn bedeckt. Die Federschicht ermöglicht es diesen Wirbeltieren, ihre Körperwärme auf gleicher Höhe zu halten. Außerdem gibt das Federkleid dem Vogel die für den Flug notwendige Flugkörperform und elastische Oberfläche. Bei Wasservögeln erfüllt das Gefieder noch eine andere Aufgabe; es stößt das Wasser ab. Die Federn nutzen sich mit der Zeit ab und müssen gewechselt werden. Den Gefiederwechsel nennt man Mauser. Viele Vögel mausern zweimal im Jahr; einmal im Frühjahr, dann legen sie ihr Brutkleid oder Hochzeitskleid an, und einmal im Sommer oder im Herbst. Sie tragen dann ein Ruhe- oder Winterkleid. Das Ruhekleid ist weniger auffällig und nicht so farbenprächtig wie das Brutkleid.

Vögel legen Eier mit einer harten Kalkschale. Die meisten bauen ein Nest. Es gibt Nester am Erdboden, auf Bäumen, Sträuchern oder Felsen und in Höhlen. Je nach Nestplatz sprechen wir von Boden-, Baum- oder Höhlenbrütern. Das Bebrüten der Eier dauert bei den einzelnen Vogelarten unterschiedlich lange, etwa 2 Wochen bei den kleinen, ungefähr 4 Wochen bei den großen Arten. Bei einigen brütet nur das Weibchen, bei anderen beteiligt sich daran auch das Männchen. Bleiben die Jungen nach dem Schlüpfen noch einige Zeit im Nest und müssen von den Altvögeln ge-füttert werden, so nennen wir sie Nesthocker. Verlassen die Jungen das Nest sofort nach dem Schlüpfen, sprechen wir von Nestflüchtern. Zu den Nestflüchtern gehören zum Beispiel die Enten und Hühner, zu den Nesthockern zum Beispiel die Singvögel, Greifvögel und Eulen.

Viele Vögel verlassen im Herbst unsere Heimat. Sie verbringen den Winter in wärmeren Ländern. Solche Vögel nennt man Zugvögel. Andere, die Standvögel, bleiben das ganze Jahr über bei uns.

Vögel

1
Vögel mit hakenförmig gekrümmtem Schnabel – 2

2
großer Kopf, Augen nach vorn gerichtet –
Eulen (Seite 121)

3
Vögel mit langen Beinen und langem Hals – 4

4
im Fluge Hals s-förmig –
Reiher (Seite 96)

5
schwarzweiß gefärbte Vögel –
Störche (Seite 97)

6
Schwimmvögel – 7

7
sehr große weiße Vögel –
Schwäne (Seite 99, 102)

8
große Vögel –
Gänse (Seite 99, 102)

9
schwarzer Wasservogel mit deutlichem Haken an der Schnabelspitze –
Kormoran (Abb. 212)

1°
Vögel ohne Hakenschnabel – 3

2°
kleiner Kopf, Augen seitlich –
Greifvögel (Seite 105)

3°
Vögel ohne lange Beine und ohne langen Hals – 6

4°
im Fluge Hals gerade – 5

5°
grau gefärbte Vögel –
Kranich (Abb. 254)

6°
keine Schwimmvögel – 12

7°
kleiner, anders gefärbt – 8

8°
kleiner – 9

9°
Schnabelspitze ohne Haken – 10

10
Schnabel breit –
Enten (Seite 99, 103)
11
schwarzer Vogel, Stirn
weiß –
Bleßralle (Abb. 253)
12
vorwiegend Bodenvögel –
13
13
hühnerartiges Aussehen –
14
14
hochbeinig, groß –
Großtrappe (Abb. 255)

10°
Schnabel spitz – 11

11°
Vogel anders gefärbt –
Lappentaucher (Abb. 211)

12°
vorwiegend Baumvögel – 20

13°
andere Gestalt – 15

14°
kürzere Beine, klein bis
mittelgroß –
Hühnervögel (Seite 110)

Abb. 205 Blauracke

Abb. 204 Wiedehopf

15
Gestalt möwenartig –
Möwen und Watvögel
(Seite 113)
16
Gestalt taubenartig –
Taubenvögel (Seite 119)
17
Gestalt spechtartig –
Spechtvögel (Seite 124)
18
Gestalt schwalbenartig –
19
19
Flügel sichelförmig –
Seglerartige (Seite 123)
20
krähengroße Baumvögel –
21

15°
Gestalt nicht möwenartig –
16

16°
Gestalt nicht taubenartig –
17

17°
Gestalt nicht spechtartig –
18

18°
Gestalt nicht schwalben-
artig – 20

19°
Flügel nicht sichelförmig –
Schwalben (Seite 127)
20°
kleiner – 23

21
Flügel schwarz-weiß ge-
bändert, aufrichtbare
Fächerhaube –
Wiedehopf
22
Kopf und Brust blau –
Blauracke
23
drosselgroße Baumvögel –
24
24
gelb und schwarz gefärbt –
Pirol
25
rotbrauner Rücken, grauer
Scheitel –
Neuntöter (Abb. 295)
26
Unterseite quergewellt,
Schwanz sehr lang –
Kuckuck (Abb. 276)

21°
Flügel anders gefärbt, Vogel
ohne Haube – 22

22°
Kopf und Brust nicht blau –
Krähenvögel (Seite 131)
23°
kleiner – 28

24°
anders gefärbt – 25

25°
anders gefärbt – 26

26°
Unterseite nicht querge-
wellt, Schwanz kürzer – 27

Abb. 207 Kleiber

Abb. 206 Pirol

27
Unterseite schwarz oder
dunkel getupft –
Drosselvögel (Seite 132)
28
finkengroße Vögel – 29
29
Oberseite leuchtend blau-
grün, Unterseite kastanien-
braun –
Eisvogel (Abb. 283)
30
Oberseite grau, gelblich-
braune Unterseite –
Kleiber
31
schlank und langschwän-
zig – Bodenvögel –
Stelzen (Seite 137)
32
kurzer dicker Schnabel – 33

27°
schwarz, Schwanz sehr
kurz –
Star
28°
kleiner – 40
29°
Oberseite nicht leuchtend
blaugrün – 30

30°
anders gefärbt – 31

31°
weniger schlank, Schwanz
kürzer – 32

32°
Schnabel dünn – 35

Abb. 208 Goldammer

33
Kopf und Unterseite zitronengelb –
Goldammer
34
Oberseite graubraun, Kehle schwarz –
Sperlinge (Seite 144)
35
vorwiegend braun gefärbt – 36
36
im Schilf lebend –
Rohrsänger (Seite 132)
37
Schwanz rot –
Rotschwanz (Abb. 304)
38
Brust rot –
Rotkehlchen (Abb. 304)

33°
anders gefärbt – 34

34°
anders gefärbt –
Finken (Seite 141)

35°
anders gefärbt – 37

36°
im Gebüsch lebend –
Grasmücken (Seite 132)
37°
Schwanz nicht rot – 38

38°
Brust nicht rot – 39

39
Oberseite einfarbig, ohne Häubchen –
Fliegenschnäpper

40
meisengroße Vögel – 41
41
schlank, graugrün mit heller Unterseite –
Laubsänger (Seite 132)
42
langer gebogener Schnabel –
Baumläufer
43
braun, Schwanz meist hoch gestellt –
Zaunkönig (Abb. 310)

39°
Oberseite gesprenkelt, angedeutete oder ausgebildete Haube –
Lerchen (Seite 127)
40°
kleiner – 43
41°
anders gefärbt – 42

42°
kurzer kräftiger Schnabel –
Meisen (Seite 137)

43°
grün, Kopfplatte gelb –
Goldhähnchen (Seite 132)

Abb. 210 Waldbaumläufer

verbunden, sondern tragen nur Lappen an ihren Seiten.

Im Brutkleid haben die Haubentaucher einen schwarzen zweigeteilten Schopf und einen rotbraunen Federkragen mit schwarzem Rand. Ihre Nahrung, die aus kleinen Fischen, Wasserinsekten, Kaulquappen, kleinen Fröschen und Schnecken besteht, erbeuten sie tauchend. Sie bauen Schwimmnester aus feuchtem Pflanzenmaterial. Meist legen sie 4, manchmal auch nur 3 Eier. Verläßt der Haubentaucher das Gelege, deckt er es mit Nistmaterial zu. Die Jungen schlüpfen nach 28 Tagen. Sie tragen ein gestreiftes Dunenkleid. Sie sind Nestflüchter und können sofort schwimmen. Da sie sehr wärmebedürftig sind, verbergen sie sich oft im Gefieder der Eltern und ruhen auf deren Rücken aus.

Ordnung Lappentaucher

Art Haubentaucher

Auf fast allen Seen und größeren Teichen ist der Haubentaucher zu finden. Die Zehen der Lappentaucher sind nicht wie bei den Gänsen und Enten durch Schwimmhäute

Abb. 211 Zwergtaucher   Schwarzhalstaucher   Haubentaucher mit Jungen

Ordnung Ruderfüßer

Art Kormoran

Ein fliegender Kormoran sieht durch seinen ausgestreckten Hals kreuzförmig aus. Kormorane schwimmen und tauchen ausgezeichnet. Sie ernähren sich ausschließlich von Fischen. Deshalb wurden sie von jeher stark vom Menschen verfolgt. Bei uns waren diese Vögel daraufhin so selten geworden, daß wir sie unter Naturschutz stellen mußten. So verhinderten wir ihr Aussterben.

Die Kormorane brüten in Kolonien auf Bäumen. Oft brüten sie zusammen mit Graureihern. Sie legen 4 bis 5 Eier. Männchen und Weibchen brüten 24 Tage lang.

Abb. 213 Rohrdommel

Abb. 212 Kormoran

Nach dem Fischen sitzen die Kormorane auf Pfählen oder am Strande. Sie haben ihre Flügel ausgebreitet, um sie zu trocknen. Die nächsten Verwandten der Kormorane sind die Pelikane und Schlangenhalsvögel.

Ordnung Schreitvögel

Schreitvögel

Reiher

1	1°
Gefieder grau –	Gefieder bräunlich gelb – 2
Graureiher (Abb. 215)	

2
krähengroß –
Zwergrohrdommel
(Abb. 216)

2°
viel größer als eine Krähe –
Rohrdommel

Störche

1
Hals und Rücken schwarz –
Schwarzstorch

1°
Hals und Rücken weiß –
Weißstorch (Abb. 217)

Art Graureiher

Der Graureiher fliegt mit S-förmig gekrümmtem Hals. Dadurch läßt er sich gut von Storch und Kranich unterscheiden, die

Abb. 215 Graureiher

Abb. 214
Schwarzstorch

den Hals beim Fliegen ausgestreckt halten. Kopf, Hals und Unterseite sehen weiß aus. Oberseite und Flügel sind grau, die verlängerten Nackenfedern schwarz.
Graureiher brüten in Kolonien. Ihre Nester, die sie Jahr für Jahr wieder benutzen, stehen meist auf hohen Bäumen. Im Frühjahr, wenn die Vögel aus dem Winterquartier zurückkehren, bessern sie die Nester aus. Ihr Gelege besteht aus 4 bis 5 Eiern. Der Grau-

Abb. 216 Zwergrohrdommel

Weibchen bebrütet. Die Rohrdommeln nehmen, wenn sie sich in Gefahr glauben, die sogenannte Pfahlstellung ein. Dabei recken sie Kopf und Hals steil empor. Nun wirken sie selbst wie Rohrstengel, und man entdeckt sie nur schwer.

Art Weißstorch

Das Storchennest steht bei uns meist auf Gebäuden, oft auf vom Menschen angebrachten Unterlagen. Werden die Störche nicht gestört, benutzen sie dasselbe Nest Jahr für Jahr wieder. Wenn die Störche im

Abb. 217 Weißstorch

reiher frißt alle Tiere, die er erbeuten und verschlucken kann, so auch Mäuse und Frösche.

Art Zwergrohrdommel

Wenn die Zwergrohrdommel von einem Schilfstreifen zum anderen über das offene Wasser fliegt, fallen die hellen Felder auf den Flügeln auf, die sich scharf von der schwarzen Oberseite abheben. Die Zwergrohrdommel hat etwa die Größe einer Krähe. Sie baut ihr Nest ins Rohr oder in Weidenbüsche, die am Ufer stehen. Die 5 bis 6 Eier werden vom Männchen und

Abb. 218 Singschwan

Abb. 219 Zwergschwan

März aus dem Süden bei uns eintreffen, bessern sie das alte Nest aus, so daß es sich im Laufe der Jahre vergrößert. Im April beginnen die Störche zu brüten. Die Jungen schlüpfen nach knapp 5 Wochen. Mit 8 bis 9 Wochen können sie fliegen.

Ordnung Gänsevögel

Gänsevögel

Schwäne

1	1°
Schnabel rot –	Schnabel gelb – 2
Höckerschwan (Abb. 230)	
2	2°
über die Hälfte des Schna-	nur die Schnabelwurzel
bels gelb –	gelb –
Singschwan	*Zwergschwan*

Gänse

1	1°
Stirn weiß –	Stirn nicht weiß – 2
Bleßgans	
2	2°
Schnabel ohne Schwarz –	Schnabel mit Schwarz –
Graugans (Abb. 231)	*Saatgans* (Abb. 221)

Enten (nur Männchen im Prachtkleid)

1	1°
weiß mit schwarzer	anders gefärbt – 2
Zeichnung –	
Zwergsäger (Abb. 234)	

Abb. 220 Bleßgans

Abb. 221 Saatgans

5
Schnabel vorn verbreitert –
Löffelente

5°
Schnabel vorn nicht ver-
breitert –
Stockente (Abb. 235)

6
Kopf braun – 7
7
Hals weiß –
Spießente (Abb. 224)
8
Scheitel rahmfarben –
Pfeifente (Abb. 227)

6°
Kopf schwarz – 12
7°
Hals nicht weiß – 8

8°
Scheitel nicht rahm-
farben – 9

Abb. 223 Tafelente ♂

2
Kopf grün – 3
3
Schnabel schlank – 4
4
Körper weiß –
Gänsesäger (Abb. 233)

2°
Kopf nicht grün – 6
3°
Schnabel breit – 5
4°
Körper grau, weißes Hals-
band
Mittelsäger (Abb. 233)

Abb. 222 Löffelente ♂

9
weißer Kopfstreif –
Knäkente (Abb. 225)
10
Kopfseiten grün –
Krickente (Abb. 226)
11
Schnabel rot –
Kolbenente (Abb. 228)
12
weißer Fleck vor dem
Auge –
Schellente (Abb. 229)

9°
kein weißer Kopfstreif – 10

10°
Kopfseiten nicht grün – 11

11°
Schnabel grau –
Tafelente
12°
kein weißer Fleck vor dem
Auge –
Reiherente (Abb. 236)

Abb. 224
Spießente ♂

Abb. 227 Pfeifente ♂

Abb. 225 Knäkente ♂

Abb. 228 Kolbenente ♂

Abb. 226 Krickente ♂

Abb. 229 Schellente ♂

Art Höckerschwan

Erwachsene Höckerschwäne haben ein reinweißes Gefieder und einen orangeroten Schnabel. Junge Höckerschwäne sehen, auch wenn sie schon so groß wie die alten sind, graubraun aus, ihr Schnabel ist bleigrau.

Am Rande von Seen und größeren Teichen bauen die Höckerschwäne ein großes Nest aus Schilf- und Rohrhalmen. Das Gelege besteht aus 5 bis 7 Eiern. Das Schwanenpaar vertreibt alle Fremden aus seinem Revier. Nach der Brutzeit finden sich die Schwäne in größeren Scharen zusammen. Wenn die Gewässer eisfrei bleiben, überwintern die Höckerschwäne bei uns.

Abb. 231 Graugans

Art Graugans

Die Graugans sieht wie eine wildfarbene Hausgans aus, ist aber leichter und beweglicher. Graugänse brüten in Mecklen-

Abb. 230 Höckerschwan

burg, Brandenburg und in der Oberlausitz. Im Rohr bauen sie ihr umfangreiches Nest mit weich ausgepolsterter Nestmulde. Ende März und Anfang April befinden sich darin 4 bis 6, manchmal auch mehr Eier.

Art Brandgans

Diesen auffällig gefärbten Vogel können wir mit keiner anderen Gänse- oder Entenart verwechseln. Kopf, Hals, Schultern und äußere Flügelhälfte sind schwarz und schillern grünlich. Ein breites rotbraunes Band umgibt den Vorderkörper. Das übrige Gefieder sieht weiß, der Schnabel rot aus. Bei uns brütet die Brandgans an der Ostsee. Sie ist ein Höhlenbrüter. Gern bezieht sie Fuchs- und Kaninchenbaue.

Abb. 232 Brandgans

Artengruppe Säger

Gänse- und Mittelsäger brüten an der Ostseeküste, der Gänsesäger auch an Binnenseen. Gänsesäger brüten meist in Baumhöhlen. Mittelsäger bauen ihr Nest am Boden, aber stets so, daß man es von oben nicht sieht. Solange die Gewässer eisfrei bleiben, verweilen die Gänsesäger auch im Winter bei uns. Der Mittelsäger, ein Zugvogel, überwintert im Mittelmeergebiet. Im Winter kann man bei uns auch den kleineren schwarzweißen Zwergsäger beobachten, der zu dieser Jahreszeit aus dem Nordosten Europas zu uns zieht.

Art Stockente

Bei den Enten sind Männchen und Weibchen sehr verschieden gefärbt. Die Stockenten gleichen unseren buntfarbigen Haus-

Abb. 233 Gänsesäger

Mittelsäger ♂

Abb. 234 Zwergsäger

Abb. 236 Reiherente ♂

enten. Das Weibchen baut das Nest am Boden. Es wird mit Dunen ausgelegt. Nach 28 Tagen sind die 7 bis 10, oft auch noch mehr Eier ausgebrütet. Nun werden die Jungen sofort zum Wasser geführt. Wie alle Entenküken können sie sofort schwimmen und selbständig Nahrung aufnehmen.

Art Reiherente

An seinem schwarzweißen Gefieder erkennt man den Erpel der Reiherente leicht. Am Hinterkopf befindet sich ein Federschopf. Das Weibchen sieht dunkelbraun aus. Den Winter verbringen Scharen von Reiherenten auf unseren Gewässern.

Abb. 235 Stockente

Abb. 237 Wanderfalke

Ordnung Greifvögel

Greifvögel

1 Flügel spitz – 2	1° Flügel abgerundet – 4
2 Rücken rotbraun – *Turmfalke* (Abb. 247)	2° Rücken anders gefärbt – 3
3 krähengroß – *Wanderfalke*	3° kleiner – *Baumfalke*
4 Schwanz gegabelt – 5	4° Schwanz nicht gegabelt – 6

5 Schwanz tief gegabelt – *Rotmilan* (Abb. 245)	5° Schwanz nicht tief ge- gabelt – *Schwarzmilan*
6 Kopf und Bauch rein weiß – *Fischadler* (Abb. 246)	6° Kopf und Bauch anders gefärbt – 7
7 sehr groß, Schwanz weiß – *Seeadler* (Abb. 239)	7° kleiner, Schwanz nicht weiß – 8
8 Flügel kurz und rund – 9	8° Flügel lang und breit – 10
9 groß – *Habicht* (Abb. 244)	9° kleiner – *Sperber*
10 langer schmaler Schwanz – *Rohrweihe* (Abb. 242)	10° kurzer breiter Schwanz – *Mäusebussard* (Abb. 243)

Art Mäusebussard

Der Mäusebussard ist der Greifvogel, dem wir am häufigsten begegnen. Meist werden

Abb. 238 Baumfalke

Abb. 239 Seeadler

Abb. 240 Sperber

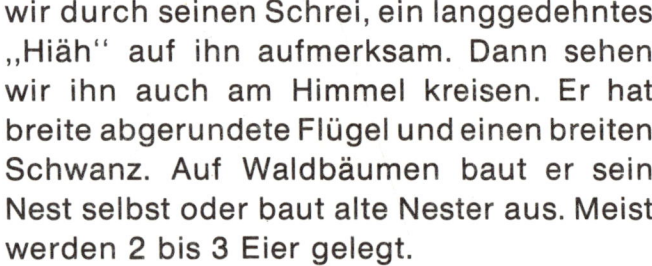

wir durch seinen Schrei, ein langgedehntes „Hiäh" auf ihn aufmerksam. Dann sehen wir ihn auch am Himmel kreisen. Er hat breite abgerundete Flügel und einen breiten Schwanz. Auf Waldbäumen baut er sein Nest selbst oder baut alte Nester aus. Meist werden 2 bis 3 Eier gelegt.

Mäuse bilden die Hauptnahrung des Mäusebussards, und er vertilgt somit Schädlinge unserer Landwirtschaft.

Abb. 241 Schwarzmilan

Der Mäusebussard erbeutet wie alle Greifvögel die Nahrung nicht mit dem Schnabel, sondern mit den Füßen, den Fängen. Die Zehen haben starke und oft sichelförmig gebogene Krallen. Auch die Schnabelform entspricht der Ernährungsweise. Mit dem hakenförmigen Oberschnabel reißen die Mäusebussarde aus dem Beutetier Stücke heraus oder ab, die sie anschließend ganz verschlucken. Die unverdaulichen Stoffe wie Haare und Federn werden im Magen zu Ballen zusammengepreßt. Diese Ballen, die Gewölle, würgt der Vogel wieder aus. Unter den Bäumen, auf denen Greifvögel ihre Beute gekröpft, das heißt gefressen haben, können wir solche Gewölle finden. Greifvögel brüten nur einmal im Jahr. Die Eizahl ist meist gering, und das Bebrüten der Eier nimmt eine lange Zeit in Anspruch. Junge Greifvögel sind Nesthocker; sie werden sehr lange von den Altvögeln versorgt, ehe sie selbständig sind.

Art Rohrweihe

Die Rohrweihe verwechselt man wegen ihrer Größe und ihrer braunen Färbung leicht mit dem Bussard. Sie ist aber schlanker und hält die Flügel beim Fliegen nicht waagerecht, sondern V-förmig. Ihren Horst baut sie ins dichte Schilf. Hier in der Wasser- und Sumpflandschaft sucht sie auch ihre Nahrung. Dazu gehören kleine Vögel, Eier, kleine Säugetiere, Frösche und Fische. Im August beginnen die Rohrweihen nach Süden zu ziehen. Im März bis April treffen sie wieder im Brutgebiet ein.

Abb. 242 Rohrweihe

Abb. 243 Mäusebussard

Abb. 244 Habicht

Art Habicht

Der Habicht taucht blitzschnell auf und ist auch schon wieder verschwunden. Das ermöglicht ihm, seine Jagdbeute zu überraschen. Meist hält er sich an Waldrändern auf. Seinen Horst baut er auf hohen Bäumen. Das Weibchen bebrütet allein die 3 bis 4 Eier. Während dieser Zeit wird es vom Männchen mit Nahrung versorgt. Das Männchen bringt auch die Nahrung für die Jungen herbei. Das Weibchen zerteilt die Beute für die Jungen, solange sie noch klein sind. Das Männchen ist dazu nicht in der Lage. Kommt das Weibchen in dieser Zeit um, müssen die Jungen verhungern. Das Habichtsweibchen ist größer als das Männchen.

Art Rotmilan

Den Rotmilan erkennen wir sofort an seiner hellroten Brust und dem tiefgegabelten

Abb. 245 Rotmilan

Abb. 246 Fischadler

Schwanz. Wir sehen ihn hoch über dem Wald kreisen. Auf Waldbäumen baut er seinen Horst. Er polstert ihn mit Moos, aber auch mit Papierfetzen, Fellstücken und Lumpen aus. Frösche und andere kleine Tiere und Aas bilden seine Nahrung.

Art Fischadler

Der Fischadler ernährt sich fast ausschließlich von lebenden Fischen. Aus dem Flug heraus stürzt er sich plötzlich ins Wasser und taucht mit einem zappelnden Fisch in den Fängen wieder auf. Er verzehrt ihn am Ufer. Auf alten Bäumen oder auch auf Hochspannungsmasten baut er seinen Horst. Bei uns ist der Fischadler sehr selten geworden und steht deshalb unter Naturschutz.

Art Turmfalke

Den Turmfalken kann man überall beobachten, selbst in großen Städten. Wir erkennen ihn am ehesten am Rütteln, dabei „hängt" er in der Luft, schlägt schnell mit den Flügeln und fächert den Schwanz. Mäuse sind seine Hauptnahrung.

Abb. 247 Turmfalke

Abb. 248 Auerhahn

Ordnung Hühnervögel

Hühnervögel

1
so groß wie ein Haushuhn
und größer – 2
2
sehr langer und zuge-
spitzter Schwanz –
Fasan (Abb. 252)
3
sehr groß, gefächerter
Schwanz gerundet –
Auerhuhn
4
sehr klein (Lerche) –
Wachtel

1°
so groß wie ein Zwerghuhn
und kleiner – 4
2°
Schwanz kürzer und nicht
zugespitzt – 3

3°
kleiner, Schwanz gekerbt
oder leierförmig –
Birkhuhn (Abb. 250)
4°
größer –
Rebhuhn (Abb. 251)

Abb. 249 Wachtel

Abb. 250 Birkhahn

Abb. 251 Rebhuhn

Art Fasan

Fasanenhahn und -henne können wir an ihrem langen Schwanz von anderen Vögeln leicht unterscheiden. Der Hahn sieht kupferfarbig aus, Kopf und Hals sind dunkelgrün

Abb. 252 Fasan

Art Rebhuhn

Das Rebhuhn ist der häufigste Hühnervogel bei uns. Wir treffen Rebhühner auf Äckern und Brachland. Dort legt das Weibchen in eine Grube, die es mit wenig Halmen und altem Laub auslegt, 10 bis 20 Eier. Es brütet 24 Tage lang. Die Jungen sind Nestflüchter wie alle Hühnervögel. Sie werden von beiden Eltern geführt.

Bei Gefahr ducken sich die Rebhühner an den Erdboden. Wir bemerken sie erst, wenn sie unmittelbar vor unseren Füßen mit lautem Flügelschlag doch noch auffliegen.

und schimmern metallisch. Die Henne, graubraun gefärbt, ist kleiner als der Hahn. In eine Mulde legt sie bis 14 Eier, die sie allein bebrütet. Sie führt auch die Jungen allein. Der Fasan, auch Jagdfasan genannt, bevorzugt offenes Gelände mit Feldgehölzen und die Schilfränder an Teichen.

Ordnung Kranichvögel

Art Bleßralle

Im Winter versammeln sich die schwarzen Vögel mit dem weißen Schnabel und der weißen Stirnblesse in großer Anzahl auf den Seen. Zur Brutzeit besiedeln sie die Ränder von Seen und größeren Teichen. Ihr Nest befindet sich in nicht zu dichtem

Abb. 254 Kranich

Abb. 253 Bleßralle

Schilf und besteht aus trockenen Halmen. Das am Nest stehende Schilf wird zu einer Haube darüber zusammengezogen. Männchen und Weibchen bebrüten gemeinsam die 6 bis 10 Eier. Kopfnickend schwimmen die Bleßrallen auf dem Wasser. Sie fliegen nicht gern, sondern laufen eher flügelschlagend über das Wasser, dabei hinterlassen sie eine lange Spur.

Art Kranich

Der Kranich ist bei uns sehr selten geworden. Doch auf dem Zuge und an den Rastplätzen, wo sich die Kraniche vor ihrem Flug nach dem Süden versammeln, können wir sie zu Hunderten beobachten. Im April

Abb. 255 Großtrappe

Landschaften. In einer flachen Bodenmulde brütet das Weibchen die 2 bis 3 Eier aus. Die Jungen sind Nestflüchter.

Im Winter leben die Trappen in größeren Gemeinschaften. Wie der Kranich gehört die Trappe zu den vom Aussterben bedrohten Tieren.

Watvögel und Möwen

Watvögel und Möwen

1 Rücken und Flügelober- seite hellgrau – 2	1° Rücken und Flügeloberseite nicht grau – 5
2 Kopf oder Scheitel schwarz – 3	2° Kopf weiß – 4
3 Schwanz nicht gegabelt – *Lachmöwe* (Abb. 270)	3° Schwanz gegabelt – *Seeschwalben*

kehren sie zurück. Auf Inselchen im Moor steht das meterbreite Nest. Es enthält meist 2 Eier.

Der Kranich fliegt mit ausgestrecktem Hals. Vom Storch unterscheidet er sich vor allem durch seinen kürzeren Schnabel und sein graues Gefieder.

Der Kranich ist vom Aussterben bedroht, deshalb müssen seine Rastplätze erhalten bleiben.

Art Großtrappe

Der Trapphahn wird 1 Meter, die Henne 70 Zentimeter hoch. Diese großen Vögel haben einen rotbräunlich und schwarz gewellten Rücken. Trappen leben in offenen

Abb. 256
Trauerseeschwalbe

Flußseeschwalbe

Abb. 257 Sturmmöwe

Abb. 258 Austernfischer

4
großer gelber Schnabel mit rotem Punkt –
Silbermöwe (Abb. 269)
5
Gefieder schwarzweiß – 6

6
gerader Schnabel, Beine rot –
Austernfischer
7
Oberseite metallisch grün, Kopf mit Haube –
Kiebitz (Abb. 267)
8
amselgroß und kleiner – 9
9
kurzer Schnabel –
Regenpfeifer
10
Schnabel sehr lang – 11

4°
Schnabel schwächer und grünlich –
Sturmmöwe
5°
Gefieder nicht schwarz-weiß – 7
6°
Schnabel säbelartig nach oben gebogen –
Säbelschnäbler
7°
Oberseite nicht metallisch grün – 8
8°
größer als Amsel – 10
9°
langer Schnabel –
Alpenstrandläufer (Abb. 262)
10°
Schnabel kürzer (höchstens doppelte Kopflänge) – 14

Abb. 259 Säbelschnäbler

Abb. 260 Flußregenpfeifer

Abb. 262 Alpenstrandläufer

Abb. 261
Großer Brachvogel

11
Schnabel abwärts gebogen –
Brachvogel
12
gedrungene Gestalt, kurzbeinig wirkend –
Waldschnepfe

11°
Schnabel gerade – 12

12°
schlank – 13

Abb. 263 Waldschnepfe

Abb. 264 Uferschnepfe

13
Scheitel deutlich gestreift –
Bekassine (Abb. 268)
14
Oberseite mit Schuppen-
muster, Beine grünlich-
gelb –
Kampfläufer

13°
Scheitel nicht gestreift –
Uferschnepfe
14°
Oberseite ohne Schuppen-
muster, Beine rot –
Rotschenkel

Abb. 266 Rotschenkel

Abb. 265 Kampfläufer

Art Kiebitz

Der Kiebitz ist leicht an der grünen Oberseite und seinem Federschopf zu erkennen.
Im Fluge fallen die breiten abgerundeten
Flügel auf. Auch sein Ruf „Kie-wit" macht
uns auf ihn aufmerksam. Auf sumpfigen
Wiesen steht das Nest, in das das Weibchen
4 Eier legt.

Abb. 267 Kiebitz

Abb. 268 Bekassine

Art Bekassine

Im Fluge bringt das Männchen der Bekassine einen eigenartigen Ton hervor. Immer wenn der Vogel im Sturzflug niedergeht, hören wir ein merkwürdiges „Meckern". Deswegen wird die Bekassine auch Himmelsziege genannt. Das Meckern entsteht dadurch, daß die Luft durch die gespreizten Schwanzfedern streicht und dabei in Schwingung gerät. Das Weibchen sitzt indessen geduckt im Gras. Es wird erst kurz vor unseren Füßen im raschen Zickzackflug auffliegen.

Art Silbermöwe

Die 55 Zentimeter große weiße Möwe mit dem hellen Grau auf Rücken und Flügeln hat einen gelben Schnabel mit einem roten Fleck. Die Jungen sehen zunächst bräunlich aus. Die Silbermöwe frißt alles, was sich ihr am Strand und im Wasser bietet. Kleineren Vögeln raubt sie Eier und Junge.

Abb. 269 Silbermöwe

Abb. 270 Lachmöwe

Jungvogel

Sommer

Winter

Die 3 Eier werden von beiden Eltern ausgebrütet. Die Jungen verlassen bald nach dem Schlüpfen das Nest. In der Nähe bleiben sie hocken und werden dort von den Altvögeln gefüttert.

Art Lachmöwe

Lachmöwen treffen wir auch im Binnenland an Seen und Teichen an. Sie brüten in Kolonien. Im Sommer hat die Lachmöwe einen schokoladenbraunen Kopf. Im Winterkleid sieht der Kopf bis auf einen dunklen Ohrfleck weiß aus. Die Lachmöwen verlassen im Winter ihr Brutgebiet. Viele überwintern in den großen Städten.

Ordnung Taubenvögel

1	1°
taubenblau gefärbt – 2	braun – 4
2	2°
groß, mit weißem Halsfleck, weiße Flügelzeichnung –	ohne diese weißen Zeichen – 3
Ringeltaube (Abb. 274)	
3	3°
Rücken über dem Schwanz weiß –	Rücken über dem Schwanz nicht weiß –
(verwilderte) Haustaube	*Hohltaube*
4	4°
Oberseite ungefleckt, schwarzer Nackenring –	Oberseite gefleckt, schwarzweiß gebändertes Feld am Hals –
Türkentaube (Abb. 275)	*Turteltaube*

Abb. 272 Hohltaube

Abb. 271
verwilderte Haustaube

Abb. 273 Turteltaube

Art Ringeltaube

Die Ringeltaube hat weiße Flecken an den Halsseiten, über die Flügel zieht sich ein

Abb. 274 Ringeltaube

fast alle Ortschaften. Ihre „Du-du-duh"-Rufe können wir überall von den Straßenbäumen hören. Sie ist eine kleine hellbraune Taube mit einem schwarzen Nackenring. Die Türkentaube brütet 4- bis 5mal im Jahr. Sie bleibt auch im Winter bei uns.

Abb. 275 Türkentaube

weißes Band. Sie baut ein einfaches flaches Nest aus Zweigen in Bäume oder Sträucher. Wir begegnen ihr im Wald, aber auch in den Parks der Städte. Ringeltauben brüten mehrmals im Jahr. Die Bruten können auch ineinandergeschachtelt sein, das heißt, das Weibchen sitzt schon auf den Eiern des nächsten Geleges, während das Männchen die Jungen der ersten Brut betreut.

Art Türkentaube

Diese Taube ist bei uns in den letzten Jahrzehnten vom Balkan her eingewandert. Sie vermehrt sich rasch und besiedelt schon

Ordnung Kuckucksartige

Art Kuckuck

Der Kuckuck hat eine graue Oberseite, auf der weißen Unterseite verlaufen graubraune Querbinden. Unter den Kuckucksweibchen gibt es außer grauen auch braune Tiere. Ein Kuckucksweibchen legt in einem Jahr bis zu 20 Eier. Es brütet die Eier aber nicht selbst aus, sondern legt sie heimlich in die Nester kleiner Singvögel. Diese brüten das fremde Ei mit aus. Der junge Kuckuck beginnt bald nach dem Schlüpfen, die Jungen

Abb. 276 Kuckuck

Abb. 277 Uhu

Abb. 278 Steinkauz

oder Eier seiner Pflegeeltern aus dem Nest zu werfen. Auf diese Weise erhält er allein alles Futter, das die Altvögel herbeischaffen.

Den Winter verbringen die Kuckucke in Afrika.

Ordnung Eulenvögel

Eulenvögel

1	1°
mit Federohren – 2	ohne Federohren – 3
2	2°
sehr groß –	mittelgroß –
Uhu	*Waldohreule* (Abb. 279)
3	3°
klein –	mittelgroß – 4
Steinkauz	
4	4°
gedrungene Gestalt –	schlank –
Waldkauz (Abb. 280)	*Schleiereule* (Abb. 281)

Abb. 279 Waldohreule

sehr gut, sie haben auch ein außerordentlich feines Gehör. Sie sind für uns überaus nützliche Tiere. Viele Mäuse und Sperlinge werden von ihnen vertilgt.

Art Waldkauz

Das gemusterte Gefieder des Waldkauzes kann im Grundton grau oder rostbraun gefärbt sein. Die Augen sehen nicht gelb wie bei vielen anderen Eulen, sondern schwarz aus. Der Waldkauz brütet in Höhlen. Wo es hohle Bäume gibt – im Wald, in Gärten und Parks – und genügend Beutetiere, kommt der Waldkauz häufig vor.

Art Waldohreule

Die 25 Zentimeter große Waldohreule sieht wie ein kleiner Uhu aus. Und wie der Uhu trägt auch sie auffallende Federohren. Die Waldohreule baut kein eigenes Nest. Sie brütet in verlassenen Nestern anderer Vögel, zum Beispiel in Krähennestern.
Eulen erkennt man an ihrem dicken Kopf und den nach vorn gerichteten Augen sofort. Da sie aber Nachttiere sind, bekommt man sie recht selten zu sehen. Das lockere und weiche Federkleid verursacht beim Flug keinerlei Geräusche. Eulen sehen nicht nur

Abb. 280 Waldkauz

Abb. 281 Schleiereule

Mäuse und auch Ratten bilden den Hauptanteil ihrer Nahrung.

Ordnung Seglerartige

Art Mauersegler
Um den ersten Mai herum tauchen die rußschwarzen und nur an der Kehle hellen Mauersegler bei uns auf. Mit ihren schmalen Flügeln sausen sie pfeilschnell dahin, die Luft mit ihren „Srieh-shrie"-Rufen erfül-

Abb. 282 Mauersegler

Art Schleiereule
Dem herzförmigen Gesichtsschleier, der aus einem Kranz starrer Federchen besteht, verdankt diese Eule ihren Namen. Das Gefieder weist auf grauem, weißem, gelblichem oder bräunlichem Grunde ein zartes perlartiges Muster auf.

Schleiereulen nisten in Ortschaften, doch so, daß sie nicht gestört werden, nämlich im Gebälk von Türmen und Scheunen oder Ruinen. Die Stimme der Schleiereule – ein Gemisch aus schnarchenden und kreischenden Lauten – macht uns auf ihren Wohnsitz aufmerksam. Kleinsäuger wie

lend. In den Städten brüten sie unter den Dächern hoher Häuser, im Wald auch in Baumhöhlen oder in Felsspalten. Sie jagen Insekten und halten sich fast ausschließlich in der Luft auf. Mangelt es einmal infolge kühler und nasser Witterung an Nahrung, verfallen ihre Jungen in einen Starrezustand. Dabei sind alle Lebensprozesse stark herabgesetzt, so daß nicht viel Energie verbraucht wird. Auf diese Weise können die jungen Mauersegler die ungünstige Zeit überdauern.

Anfang August verlassen uns die Mauersegler wieder und ziehen nach Afrika.

Ordnung Rackenvögel

Art Eisvogel

Der Eisvogel, ein kleiner Vogel mit auffälliger Färbung, schimmert auf der Ober-

Abb. 283 Eisvogel

seite blaugrün, die Unterseite leuchtet rostrot. Der Schnabel ist lang. In Uferwände und Böschungen graben die Eisvogeleltern eine am Ende erweiterte lange Röhre. Hier brüten sie ihre 6 Jungen aus. Sie werden mit kleinen Fischchen gefüttert. Außerdem fressen die Eisvögel auch Insekten und Köcherfliegenlarven.

Ordnung Spechtvögel

Spechtvögel

1	1°
Gefieder schwarz – *Schwarzspecht* (Abb. 289)	Gefieder nicht schwarz – 2
2	2°
Gefieder schwarz und weiß – 3	Gefieder nicht schwarz und weiß – 4
3	3°
klein, Rücken gebändert – *Kleinspecht*	größer, große weiße Schulterflecken – *Buntspecht* (Abb. 287)
4	4°
Gefieder rindenfarben – *Wendehals*	Gefieder grün – 5
5	5°
Bürzel leuchtend gelb – *Grünspecht* (Abb. 288)	Bürzel nicht leuchtend gelb – *Grauspecht*

Art Buntspecht

25 Zentimeter groß ist der schwarzweiße Buntspecht mit dem roten Unterbauch. Schon von weitem hört man sein Hämmern am Baumstamm. Der Schwanz, auf den er sich beim Ausmeißeln des Holzes stützt, hat sehr steife und harte Federn. Die Nahrung des Buntspechts besteht aus Insekten und Larven, die er mit seiner langen und klebrigen Zunge unter der Rinde aus dem Holz hervorholt. Er meißelt auch seine

Abb. 284 Kleinspecht

Abb. 285 Wendehals

Abb. 286 Grauspecht

Abb. 287 Buntspecht

Bruthöhle selbst. Dort hinein legt er, ohne ein Nest zu bauen, seine 4 bis 8 Eier.
Im Winter verzehrt der Buntspecht vor allem Nadelholzsamen. Die Zapfen steckt er in ein gemeißeltes Loch am Baumstamm und hackt die Samen heraus. Unter einer solchen Stelle, der Spechtschmiede, kann man eine Vielzahl derart bearbeiteter Zapfen finden.

Art Grünspecht

Auch der Grünspecht meißelt seine Bruthöhle selbst. Er bewohnt Parks und lichte
Wälder. Im Frühjahr fällt uns seine Stimme
– ein lautes helles Lachen – besonders auf.
Er hat eine grüne Oberseite und eine rote
Kopfplatte. Seine Nahrung, vor allem Ameisen, sucht er am Boden. Mit seiner langen
Zunge dringt er bis zu 10 Zentimeter tief
in die Gänge der Ameisenhaufen ein.

Abb. 288 Grünspecht

Abb. 289 Schwarzspecht

Art Schwarzspecht

Der krähengroße schwarze Specht hat eine
rote Kopfplatte. Er hält sich in Wäldern
auf, überall dort, wo hohe Bäume stehen.
Diese braucht er für seine Nisthöhle. Das
längsovale Flugloch, an dem wir die Höhle
eines Schwarzspechtes erkennen können,
befindet sich in 7 bis 10 Meter Höhe über dem
Erdboden. Verlassene Schwarzspecht-
höhlen werden von anderen Vogelarten,
zum Beispiel von Wiedehopf, Hohltaube,
Star und Kleiber, bezogen.

Ordnung Sperlingsvögel

Familie Lerchen

Art Feldlerche

Feldlerchen bauen ihr Nest am Boden in eine kleine Vertiefung im Schutze eines Grasbüschels. Außerdem paßt sich ihr braungespenkeltes Gefieder der Bodenfärbung so gut an, daß es einen ausreichenden Schutz vor Feinden bietet. Mit hellem Trillern steigt die Feldlerche fast senkrecht hoch in die Luft. Über Wiesen und Feldern hören wir im Frühjahr ihren jubelnden Gesang.

Abb. 291 Haubenlerche

Abb. 290 Feldlerche

Art Haubenlerche

Auf Ödflächen, Schuttplätzen, zwischen Bahngleisen und auch in Dörfern und Städten trifft man die Haubenlerche an. Wir erkennen sie an ihrer aufrichtbaren Federhaube leicht. Haubenlerchen sind Standvögel.

Familie Schwalben

Schwalben

1	1°
Bürzel weiß –	Bürzel nicht weiß – 2
Mehlschwalbe (Abb. 292)	
2	2°
Oberseite metallisch blau,	Oberseite braun, keine
lange Schwanzspieße –	langen Schwanzspieße –
Rauchschwalbe (Abb. 294)	*Uferschwalbe* (Abb. 293)

Art Rauchschwalbe

Diese Schwalbe hat sich eng an den Menschen angeschlossen. Sie baut ihre halboffenen Nester ins Innere von Gebäuden –

Abb. 292 Mehlschwalbe

Abb. 294 Rauchschwalbe

in Ställe, Scheunen oder Hausflure – wenn nur die Möglichkeit vorhanden ist, ungehindert ein und aus fliegen zu können. Wir erkennen die Rauchschwalbe leicht an der schwarzblau glänzenden Oberseite, der weißen Unterseite, der rostroten Kehle und dem tief gegabelten Schwanz. Sie jagt Insekten.

Abb. 293 Uferschwalbe

Familie Würger

Art Neuntöter
Der Neuntöter, auch Dorndreher genannt, spießt größere Beutetiere auf die Dornen eines Busches oder am Stacheldraht auf. So kann er sie bequem zerkleinern. Sein Nest, ein festgebauter tiefer Napf, steht meist niedrig in Hecken und Büschen. Oft sitzt das Männchen in der Nähe des Nestes auf einer Zweigspitze.

Familie Rabenvögel

Rabenvögel

1
Gefieder rötlichbraun, blauweiße Flecken am Flügel –
Eichelhäher (Abb. 299)

1°
anders gefärbt – 2

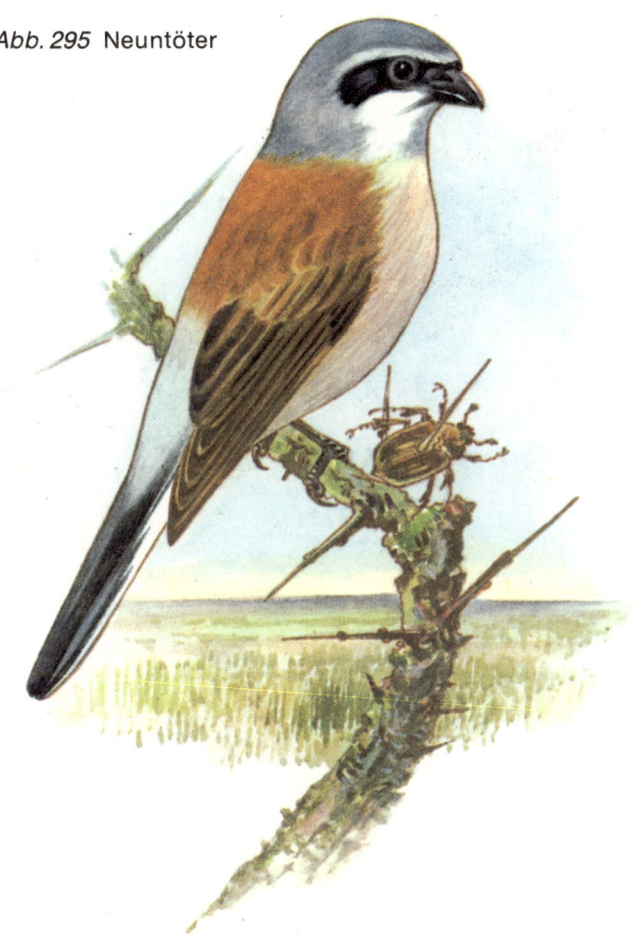

Abb. 295 Neuntöter

2
dunkelbraun mit weißen Tupfen –
Tannenhäher (Abb. 297)

2°
anders gefärbt – 3

3
schwarzweiß –
Elster (Abb. 300)

3°
anders gefärbt – 4

4
schwarz-grau –
Nebelkrähe (Abb. 302)

4°
einfarbig schwarz – 5

5
Schwanz keilförmig –
Kolkrabe

5°
Schwanz nicht keilförmig – 6

6
Schnabelwurzel nackt (gelblichgrau) –
Saatkrähe (Abb. 301)

6°
Schnabelwurzel befiedert – 7

7
einfarbig schwarz, kräftiger Schnabel –
Rabenkrähe (Abb. 302)

7°
kleiner als Krähe, kleinerer Schnabel, Nacken grau –
Dohle

Art Eichelhäher

Die lauten rätschenden Rufe des Eichelhähers können wir bei jedem Waldspaziergang vernehmen. Beim fliegenden Vogel fallen die weiße Schwanzwurzel und ein weißes Feld auf dem Flügel auf. Eichelhäher ernähren sich von Insekten und

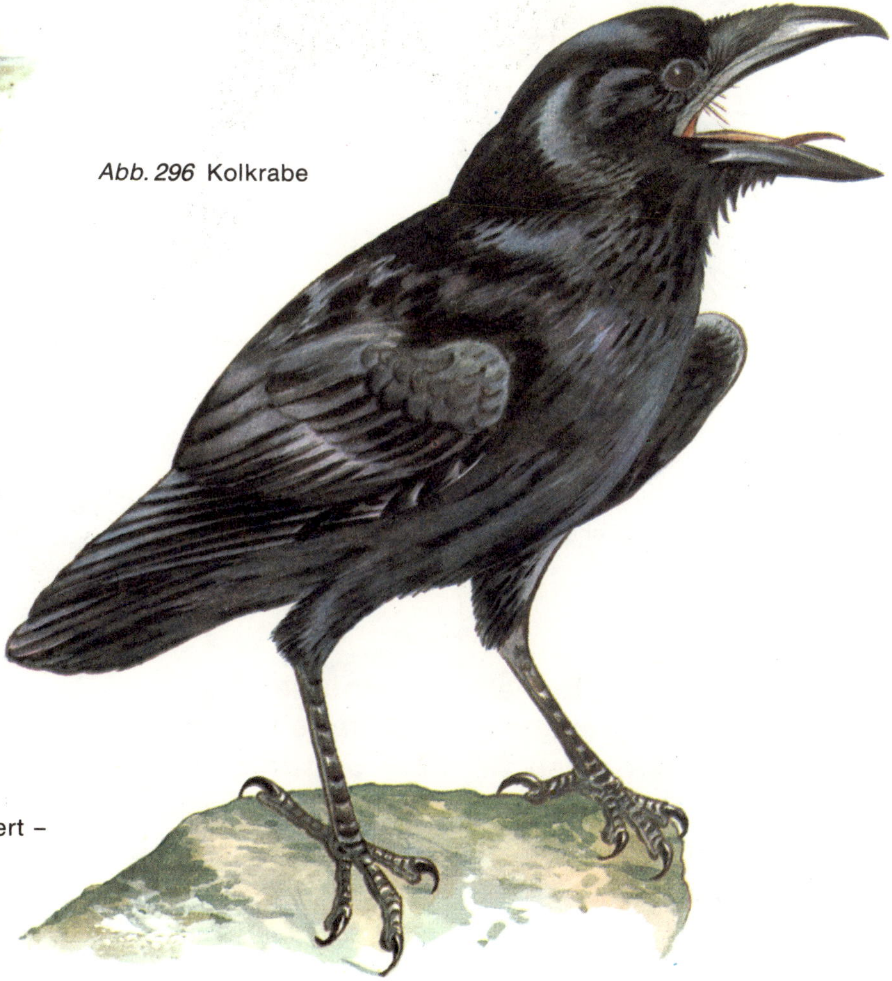

Abb. 296 Kolkrabe

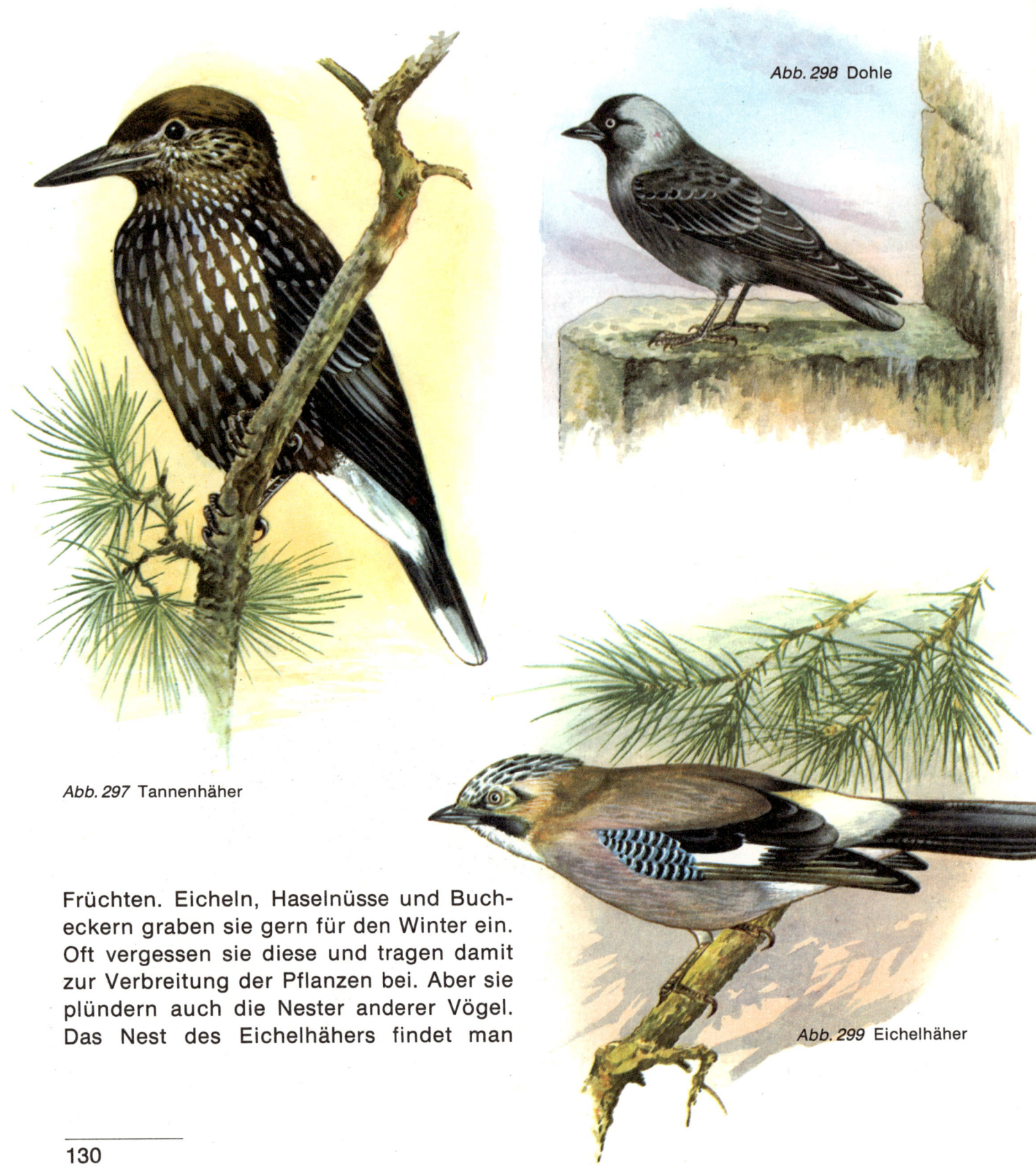

Abb. 297 Tannenhäher

Abb. 298 Dohle

Abb. 299 Eichelhäher

Früchten. Eicheln, Haselnüsse und Bucheckern graben sie gern für den Winter ein. Oft vergessen sie diese und tragen damit zur Verbreitung der Pflanzen bei. Aber sie plündern auch die Nester anderer Vögel. Das Nest des Eichelhähers findet man schwer, denn es steht gut versteckt in dichten Büschen und Bäumen.

Art Elster

Auch die Elster betätigt sich manchmal als Nesträuber. Vor allem aber frißt sie Insekten, Schnecken, Würmer, Mäuse, Körner und Beeren. Glänzende Gegenstände locken sie an.

Die Elster bewohnt offenes Gelände und brütet auch in den Städten. Ihr Nest, das in Sträuchern oder auf Bäumen in unterschiedlicher Höhe steht, hat stets eine Haube aus Zweigen, so daß es wie eine Kugel aussieht.

Art Saatkrähe

Die Umgebung des Schnabels ist bei der glänzend schwarzen Saatkrähe kahl und grau. Daran kann man sie gut erkennen und sich einprägen, wie sie läuft, fliegt und sich sonst im Äußeren von einer Rabenkrähe unterscheidet. Man kann dann auch leicht junge Saatkrähen erkennen, bei denen die Schnabelwurzel noch schwarz befiedert ist.

Im Winter kommen Saatkrähen aus östlichen Gebieten zu uns. Abends ziehen sie oft zusammen mit Dohlen in großen Scharen zu den gemeinsamen Schlafplätzen.

Art Aaskrähe

Im Sommer sehen wir bei uns häufig die Aaskrähen.

Sie kommen in 2 Formen vor. Westlich der Elbe sehen sie schwarz aus und heißen Rabenkrähen, östlich der Elbe haben sie einen grauen Körper und werden Nebelkrähen genannt.

Abb. 300 Elster

Abb. 301 Saatkrähe

Abb. 302 Aaskrähe

Rabenkrähe

Nebelkrähe

Abb. 303
Wintergoldhähnchen

Abb. 304
Teichrohrsänger

Familie Grasmücken

Zu dieser Familie gehören die eigentlichen Grasmücken, die Rohrsänger und Laubsänger und auch die kleinsten Vögel unserer Heimat, die Goldhähnchen. Diese Vögel sehen fast immer grau, braun oder grünlich aus. Viele haben eine einprägsame Stimme, an der man sie am ehesten erkennen kann. Spinnen und kleine Insekten bilden ihre Nahrung. Sie leben in Wäldern, im Rohr der Seen und Teiche, in Gärten und Parks. Die meisten bauen ein napfförmiges Nest.

Familie Drosselvögel

Zur Familie der Drosselvögel gehören viele uns sehr gut bekannte Arten, wie Rotkehlchen, Nachtigall, Rotschwänzchen, Amsel und Singdrossel.

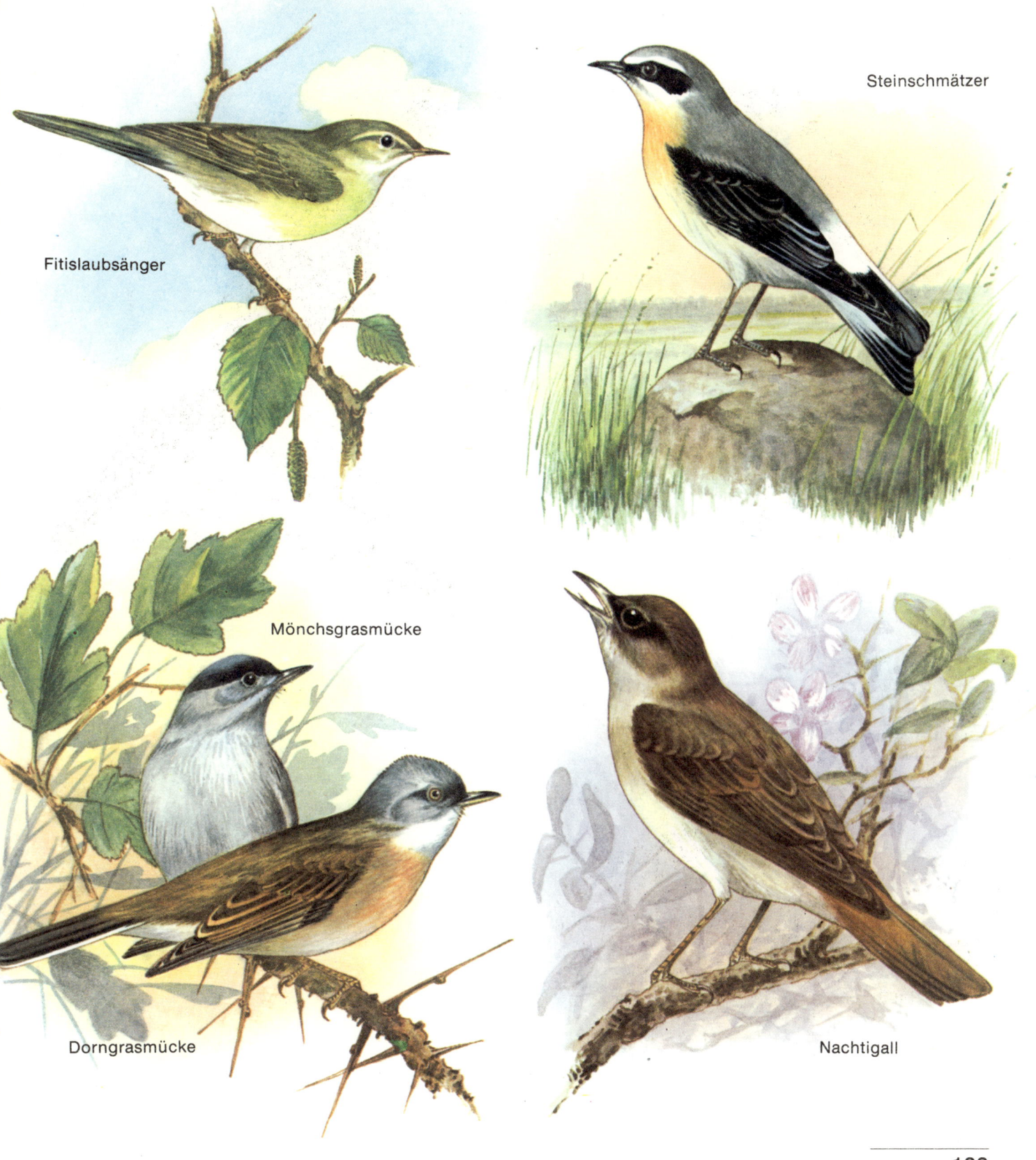

Fitislaubsänger

Steinschmätzer

Mönchsgrasmücke

Dorngrasmücke

Nachtigall

Garten-
rotschwanz

Abb. 305 Wacholderdrossel

Rotkehlchen

Drosselvögel

1 einfarbig schwarz oder braun – *Amsel* (Abb. 309)	**1°** nicht einfarbig schwarz oder braun – 2
2 Kopf, Nacken und Bürzel grau – *Wacholderdrossel*	**2°** anders gefärbt – 3
3 mit rahmfarbenem Überaugenstreif – *Rotdrossel*	**3°** ohne rahmfarbenen Überaugenstreif – 4
4 Flügelunterseite ganz weiß – *Misteldrossel*	**4°** vordere Hälfte der Flügelunterseite ockerfarben – *Singdrossel*

Abb. 306 Rotdrossel

Abb. 308 Singdrossel

Abb. 307 Misteldrossel

Art Amsel

Das Amselmännchen ist schwarz und hat einen gelben Schnabel. Das Weibchen, oberseits dunkelbraun, trägt an der hellbraunen Kehle dunkle Flecken. Die Amsel ist bei uns überall ein sehr häufiger Vogel. Ihr Nest baut sie an den verschiedensten Orten, sowohl am Boden als auch in Sträuchern und auf Bäumen und sogar an Gebäuden. Der feste und tiefe Napf wird innen mit Halmen ausgelegt. Amseln brüten mehrmals im Jahr. Das klangvolle, kräftige Lied der Amsel ist sehr vielfältig. Sie zählt zu unsern besten Sängern.

Abb. 309 Amsel

Familie Zaunkönige

Art Zaunkönig

Der kleine braune Zaunkönig mit seinem kurzen Schwänzchen, das er meist hochstellt, hat eine erstaunlich laute und schmetternde Stimme. Er singt auch im Winter. In Spalten, Löchern, zwischen Reisig und Wurzeln baut er mehrere Kugelnester, die er auch zum Schlafen benutzt. In einem von ihnen brütet dann das Weibchen die Eier aus.

Abb. 310 Zaunkönig

Familie Stelzen

Stelzen

1
Gefieder schwarzweiß –
Bachstelze

1°
Körperunterseite gelb – 2

2
Rücken grau, Männchen
mit schwarzer Kehle –
Gebirgsstelze

2°
Rücken olivgrün –
Schafstelze

Art Bachstelze

Die schwarzweiße Bachstelze mit ihrer
zierlichen Gestalt hat einen langen
Schwanz, mit dem sie beim Trippeln ständig
wippt. Sie kommt überall dort vor, wo sie
genügend Insekten in Bodennähe vorfindet.
Als Standort für ihr Nest benutzt sie vieler-
lei Stellen: unter Wurzeln, in Reisighaufen,
an Gebäuden und an anderen Orten.

Abb. 312 Schafstelze

Abb. 313 Bachstelze

Abb. 311 Gebirgsstelze

Familie Meisen

Meisen

1
Gefieder der Unterseite
gelb – 2

1°
Gefieder der Unterseite
nicht gelb – 3

2
Kopf schwarz –
Kohlmeise (Abb. 314)

2°
Kopf blau –
Blaumeise (Abb. 315)

3	3°
Oberseite grau –	Oberseite braun – 4
Tannenmeise (Abb. 317)	
4	4°
mit Haube –	ohne Haube – 5
Haubenmeise (Abb. 316)	
5	5°
Kopfplatte glänzend	Kopfplatte mattschwarz,
schwarz, Flügelfedern ohne	Flügelfedern mit hellen
helle Säume –	Säume
Sumpfmeise (Abb. 318)	*Weidenmeise* (Abb. 319)

Art Kohlmeise

Wie alle Meisen turnt die Kohlmeise geschickt im Gezweig der Sträucher und Bäume. Bei der Nahrungssuche hängt sie sich oft an dünne Zweige.

Im Winter besuchen Kohlmeisen gern Futterhäuschen. Hier holen sie sich Mohn, Sonnenblumen- oder Kürbiskerne, oder sie hängen sich an die Meisenringe und picken Talgstückchen und Kerne heraus. In der kalten Jahreszeit übernachten die Kohlmeisen in den Nistkästen. In ihnen bauen sie im Frühjahr ihr Nest. Es besteht aus viel Moos und wird mit Haaren und Federn ausgepolstert. Die Kohlmeise hat oft bis zu 12 Eier im Gelege. Um die Jungen satt zu bekommen, müssen die Meiseneltern eine große Anzahl von Insekteneiern, Spinnen, Raupen, Schmetterlingen und anderen Insekten herbeischaffen. Dabei werden sehr viele Schädlinge vertilgt.

Nach 18 Tagen verlassen die Jungen das Nest. Nun geht die Meisenfamilie gemeinsam auf Nahrungssuche. Aber eine Zeitlang werden die Jungen noch von den Alten gefüttert.

Zu Beginn des Winters vereinigen sich die

Abb. 314 Kohlmeise

Kohlmeisenfamilien mit Blaumeisen, Sumpfmeisen, Baumläufern und Kleibern zu den Winterschwärmen. Die Vögel bleiben durch ständiges Rufen miteinander in Kontakt. Bei Gefahr warnen sie sich gegenseitig.

Im zeitigen Frühjahr lösen sich die Meisenschwärme wieder auf, und jedes Paar sucht sich jetzt eine Höhle zum Brüten. Durch Aushängen von geeigneten Nistkästen, deren Flugloch einen Durchmesser von 35 Millimetern haben soll, können wir Brutmöglichkeiten für Meisenpaare schaffen. Dadurch kann die Anzahl der Meisen wesentlich erhöht und damit ein Beitrag zur biologischen Schädlingsbekämpfung geleistet werden.

Art Blaumeise

Die Blaumeise benötigt einen kleineren Nistkasten als die Kohlmeise. Das Flugloch braucht nur einen Durchmesser von 30 Millimetern zu haben. Die Nistkästen müssen bereits im Spätherbst gesäubert werden, damit sie von Ungeziefer frei zur Nächtigung benutzt werden können.

Wie die anderen Meisenarten hat die Blaumeise kurze Zehen mit stark gekrümmten Krallen. Nach Meisenart drückt sie die größere Nahrung, wie Raupen, Puppen und Samen, mit ihren Füßen gegen den Ast, auf dem sie sitzt, und bearbeitet sie mit dem kegelförmigen Schnabel.

Abb. 316 Haubenmeise

Nadelholzsamen auf. Sie fressen jedoch weniger Samen als andere Meisen.

Art Tannenmeise

Die Tannenmeise bewohnt Nadel- und Mischwälder. Sie ist beim Aussuchen des Brutplatzes nicht wählerisch. Sie brütet sogar in Mäuselöchern.

Abb. 315 Blaumeise

Art Haubenmeise

Haubenmeisen treffen wir nur in Nadelwäldern an. Dort halten sie sich meist hoch in den Baumkronen auf. In Spechthöhlen, Baumlöchern und Baumstubben bauen sie ihr Nest.

Den Hauptanteil ihrer Nahrung bilden Insekten. Im Winter nehmen sie vor allem

Abb. 317 Tannenmeise

Abb. 318 Sumpfmeise

Art Sumpfmeise

Die Sumpfmeise ist nicht, wie ihr Name vermuten läßt, an sumpfige Gebiete gebunden. Sie bewohnt Obstplantagen, Feldgehölze und Laub- und Mischwälder. Ihr

Abb. 319 Weidenmeise

Nest baut sie nicht sehr hoch in Baumlöcher. Man kann sie sehr leicht mit der Weidenmeise verwechseln. Ihre Jungen haben noch keine glänzende, sondern wie die Weidenmeise eine matte Kopfplatte. Beide Meisenarten kann man nur an der Stimme sicher unterscheiden. Die Sumpfmeise ruft „zjädädädä", die Weidenmeise gedehnt „däh – däh".

Art Weidenmeise

Die Weidenmeise bewohnt dichte und feuchte Mischwälder. Sie zimmert sich ihre Nisthöhle selbst. Hierfür sucht sie sich dünne, 6 bis 8 Zentimeter starke Stämmchen aus weichem Holz aus. Leider werden beim Holzsammeln die Bruten der Weidenmeise oftmals zerstört. In der Brutzeit, im Mai, sollte deshalb das Einsammeln solcher Stämmchen unterbleiben. Die ausgemeißelten Spänchen am Fuße eines solchen Baumes verraten uns den Standort des Nestes.

Familie Stare

Art Star

Der Star ist überall häufig. Als Höhlenbrüter baut er jedoch nicht nur in Starenkästen, sondern auch in verschiedenen anderen Höhlen und Löchern sein Nest. Insekten, Würmer und Früchte bilden seine Nahrung. Nach der Brutzeit vereinigen sich die Stare zu größeren Scharen. Wenn solche Scharen in Obstplantagen einfallen, können sie

Abb. 320 Star

2 Gefieder hauptsächlich grün, Schwanzkante gelb – 3	**2°** Gefieder ohne Grün – 4
3 sperlingsgroß, Flügel mit leuchtend gelber Kante – *Grünfink* (Abb. 324)	**3°** meisengroß, gelbe Flügelbinde, Männchen mit schwarzem Scheitel – *Zeisig* (Abb. 326)
4 Oberkopf tiefschwarz, Oberseite blaugrau oder graubraun, Unterseite leuchtend rot oder rötlichbraun, leuchtend weißer Bürzel – *Gimpel*	**4°** anders gefärbt – 5
5 Oberseite braun, Scheitel und Brust rot – *Hänfling* (Abb. 322)	**5°** anders gefärbt – 6

erheblichen Schaden anrichten. Das Ruhe- oder Winterkleid des Stars hat weiße Tupfen (Perlstar).

Familie Finken

Finken

1 Gefieder rot oder grünlich, Unter- und Oberschnabel gekreuzt – *Kreuzschnabel* (Abb. 327)	**1°** Schnabel nicht gekreuzt – 2

Abb. 321 Gimpel

Abb. 322 Hänfling

Abb. 323 Kernbeißer

6
Kopf vorn rot, an den Seiten weiß, hinten schwarz, Körper vorwiegend hellbraun, schwarze Flügel mit leuchtend gelben Flügelbinden –
Stieglitz (Abb. 325)

6°
anders gefärbt – 7

7
größer als Sperling, sehr kräftiger Schnabel, braun, auffallende breite weiße Flügelbinde –
Kernbeißer

7°
sperlingsgroß, Scheitel blaugrau oder braun, zwei weiße Flügelbinden, Männchen mit rötlichbrauner, Weibchen mit hellbrauner Brust –
Buchfink (Abb. 328)

Art Grünfink

Der überall häufig vorkommende Grünfink oder Grünling hat einen kräftigen Schnabel und ist ein ausgesprochener Körnerfresser. Er brütet auch in den Ortschaften in Gärten, Parks und auf Friedhöfen. In den Großstädten baut er sein Nest sogar im Blumenkasten auf dem Balkon. Das Nest, ein dichter Napf, wird mit Wolle und Moos ausgepolstert. Grünlinge ziehen zwei- bis dreimal im Jahr Junge auf.

Im Winter kommen sie oft ans Futterhaus, aus dem sie alle anderen Vögel vertreiben.

Art Stieglitz

Dieser buntgefärbte lebhafte Vogel ernährt sich vorwiegend von kleinen Samen. Oft sieht man ihn geschickt an Stengeln von Löwenzahn, Kletten und vor allem an Disteln klettern. Deshalb nennt man ihn auch Distelfink.

Stieglitze bauen ihre Nester hoch in die Bäume in Astgabeln. Sie bestehen aus

Abb. 324 Grünfink

Abb. 326 Zeisig

Würzelchen, Stengeln, Moos, Bastfasern und Flechten und sind innen weich mit Pflanzenwolle ausgelegt.
Die Stieglitze hält man oft in Käfigen.

Art Zeisig

Das Nest der Zeisige ist beinahe unauffindbar. Es wird sehr hoch in den Bäumen gebaut und kunstvoll mit den Zweigspitzen verflochten. Der kleine gelbgrün und schwarz gezeichnete Vogel fällt im Sommer kaum auf. Erst im Winter, wenn sich die Zeisige in Schwärmen sammeln, bekommen wir sie eher zu Gesicht. Geschickt klettern und turnen sie in den Zweigen, die Bäume nach Samen absuchend. Mit Vorliebe fressen sie die Samen von Erlen.

Art Fichtenkreuzschnabel

Bevorzugte Nahrung dieses Vogels sind Fichtensamen. Der Kreuzschnabel steckt die Schnabelspitze unter eine Schuppe des Zapfens, an den er sich angehängt hat, und holt den Samen mit der Zunge heraus. Die Kreuzschnäbel hängen völlig von dieser Nahrung ab. So streifen sie immer auf Nahrungssuche umher. Auch ihre Jungen füttern sie mit Fichtensamen. Daher kommt es, daß es bei ihnen keine festen

Abb. 325 Stieglitz

Abb. 327 Fichtenkreuzschnabel

Brutzeiten gibt. Gebrütet wird dann, wenn es genügend Zapfen gibt, auch im Winter bei großer Kälte.

Art Buchfink

Den Gesang des prächtig gefärbten Buchfinkenmännchens kann man im Frühjahr überall hören: in Gärten, Parks, an Straßen und in den Wäldern. Das feste und kunstvoll geflochtene Nest des Buchfinks steht hoch in den Bäumen. Oft ist es außen mit Flechten verkleidet und ganz dem Ast angepaßt, auf dem es steht. Buchfinken brüten zweimal, manchmal auch dreimal im Jahr.

Familie Webervögel

Webervögel

1	1°
schokoladenbrauner Scheitel, schwarzer Wangenfleck – *Feldsperling* (Abb. 330)	ohne schokoladenbraunen Scheitel, ohne schwarzen Wangenfleck – *Haussperling* (Abb. 329)

Art Haussperling

Männchen und Weibchen lassen sich beim Haussperling an der Gefiederfärbung gut unterscheiden. Das Männchen erkennen wir an seinem grauen Scheitel und dem schwarzen Kehlfleck. Der Haussperling hat sich dem Menschen eng angeschlossen, und man trifft ihn auf allen Straßen, Plätzen, in Parks und Gärten und auf den Feldern in großer Anzahl an.

Haussperlinge benutzen alle nur möglichen Höhlungen für den Bau ihrer Nester. Heraushängende Gras- und Strohhalme verraten den Neststandort.

Abb. 328 Buchfink

144

Abb. 329 Haussperling

♀

♂

Art Feldsperling

Beim Feldsperling sehen Männchen und Weibchen gleich aus. Vom Haussperling unterscheiden sie sich durch den braunen Oberkopf. Sie sind auch etwas kleiner und

Abb. 330 Feldsperling

schlanker als dieser. Sie bevorzugen Obstgärten, Alleen und Waldränder, wo sie in Baumhöhlen brüten. Nach der Brutzeit finden sich die Feldsperlinge in Schwärmen bei der Nahrungssuche oft mit Haussperlingen zusammen.

Klasse Säugetiere

Säugetiere sind warmblütige, durch Lungen atmende Wirbeltiere. Ihre Haut ist mit Haaren bedeckt, die ein Gebilde der Haut wie auch Krallen, Hufe und Zähne sind. Das Haarkleid hat verschiedene Aufgaben zu erfüllen. So schützt es gleichermaßen vor Kälte wie vor zu reichlicher Wärmezufuhr von außen. Haare schützen den Körper auch vor Verletzungen, denn sie dämpfen die Stöße von Hufen und die Hiebe der Pranken. Sehr wichtig sind die Tast- oder Sinneshaare. Sie befinden sich gewöhnlich zahlreich am Kopf, die meisten links und rechts oberhalb der Mundwinkel. Vor allem bei Nachttieren oder unterirdisch lebenden Tieren, wie zum Beispiel beim Maulwurf und den Mäusen, sind die Sinneshaare gut ausgebildet. Sie erleichtern den Tieren das Zurechtfinden in der Umgebung.

Die meisten Wildsäugetiere unserer Heimat wechseln im Jahr zweimal ihr Haarkleid, einmal im Frühjahr und einmal im Herbst. Der Haarwechsel erfolgt nicht plötzlich, und oft sieht zum Beispiel im Frühjahr ein Reh, das sein Winterkleid teilweise schon verloren hat, struppig aus. Das Winterkleid, stets dichter und länger als das Sommerkleid, enthält mehr Wollhaare. Meist unterscheiden sich die beiden Haarkleider auch noch in der Färbung. Das Reh sieht zum Beispiel im Winter graubraun und im Sommer rotbraun aus, und das Hermelin trägt im Sommer ein braunes, im Winter ein weißes Fell. Diese Farbwechsel dienen der Tarnung der Tiere.

Die Haut der Säugetiere enthält viele Drüsen. Zu den wichtigsten Hautdrüsen gehören die Milchdrüsen, denn sie scheiden die Milch ab, von der die Jungen leben. Die Jungen saugen sie an den Zitzen aus den Drüsen. Daher stammt die Bezeichnung Säugetiere oder Säuger für diese Tiergruppe.

Das vollständige Gebiß der Säugetiere besteht aus den Schneidezähnen, den Eckzähnen, den Lückenzähnen und den Backenzähnen. Je nach der Ernährungsweise der einzelnen Säugetiergruppen ist das Gebiß verschieden ausgebildet. Die Besonderheiten im Gebiß dienen als wichtiges Bestimmungsmerkmal. An den Zähnen erkennt man zum Beispiel ein Nagetier oder ein Raubtier sofort.

Von den Säugetieren zählen einige zu unseren wichtigsten Haustieren, so Rind, Schwein, Schaf, Pferd, Hund, Ziege und Kaninchen.

Abb. 331 Flughaut einer Wasserfledermaus

Abb. 332 Hirschhuf

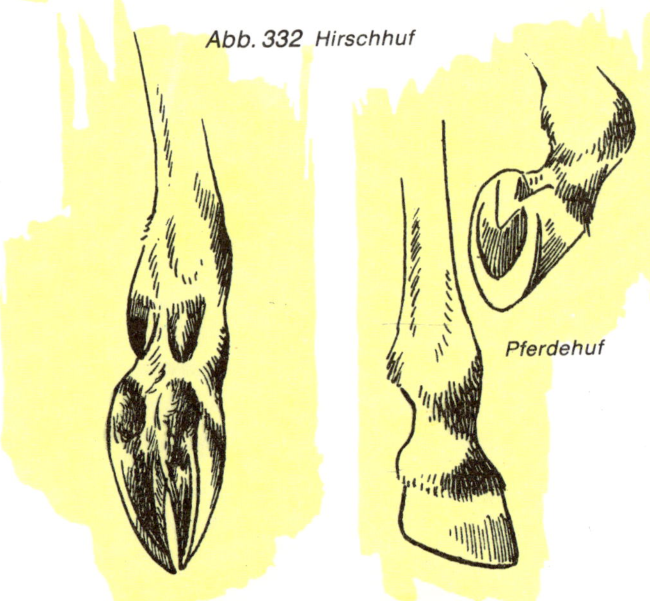

Pferdehuf

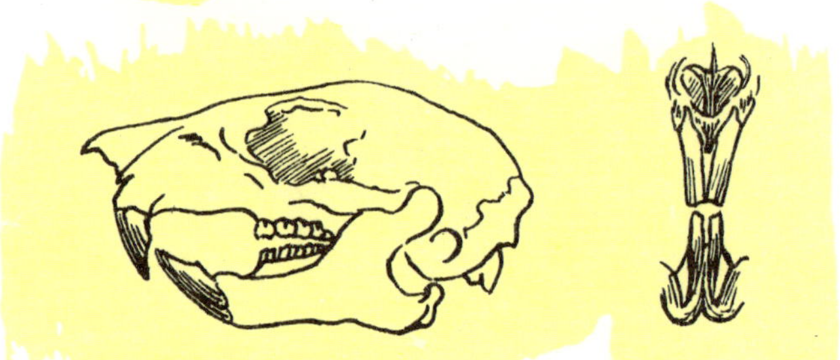

Abb. 333 Gebiß eines Nagetieres

Säugetiere

1	**1°**
mit Flughaut –	ohne Flughaut – 2
Fledermäuse (Seite 149)	
2	**2°**
mit Hufen –	ohne Hufe – 3
Huftiere (Seite 163)	
3	**3°**
mit Nagezähnen – 4	ohne Nagezähne – 5
4	**4°**
Ohren lang, Schwanz	Ohren kürzer oder sehr
kurz (Blume) –	kurz, Schwanz anders –
Hasenartige (Seite 150)	*Nagetiere* (Seite 151)
5	**5°**
mit Raubtiergebiß –	ohne Raubtiergebiß –
Raubtiere (Seite 158)	*Insektenfresser* (Seite 148)

Abb. 335
Eichhörnchen

Maus

Abb. 334 Hase

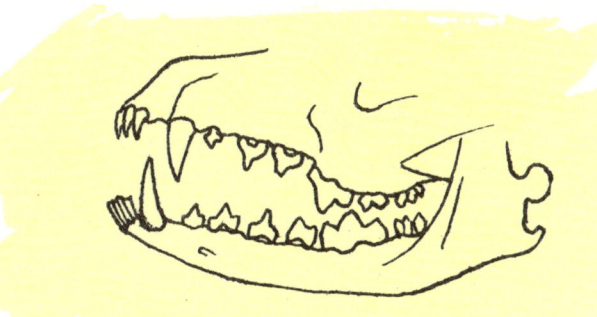

Abb. 336 *Gebiß eines Raubtieres*

Abb. 337 *Gebiß eines Insektenfressers*

Abb. 338 Igel

Ordnung Insektenfresser

Insektenfresser

1	1°
Mit Stacheln –	ohne Stacheln – 2
Igel (Abb. 338)	
2	2°
Vorderfüße zu Grab-	Vorderfüße nicht zu Grab-
schaufeln umgestaltet –	schaufeln umgestaltet –
Maulwurf (Abb. 339)	*Spitzmäuse* (Abb. 340)

Art Igel

Oberseits, von den Ohren bis zum Schwanz, erstreckt sich beim Igel ein Stachelkleid. Am Grunde und an der Spitze sehen die Stacheln hell, in der Mitte schwarzbraun aus.

Igel laufen wie alle Insektenfresser auf der gesamten, nackten Fußsohle. Die 5 Zehen tragen Krallen. Igel haben einen ausgeprägten Geruchssinn. Das wird äußerlich schon durch die rüsselartig verlängerte Schnauze sichtbar. Sämtliche Zähne der Insektenfresser enden in einer scharfen Spitze.

Den Igel, ein Dämmerungs- und Nachttier, bekommt man nur selten am Tage zu Gesicht. Er ernährt sich von Insekten, Schnecken, Würmern, Fröschen, Eidechsen, Schlangen, Vogeleiern und jungen Kleinsäugern. Auch Obst, Pilze und Bucheckern verzehrt er. Sein Nest aus Laub und Moos befindet sich unter Reisighaufen. Igel sind Einzelgänger. In der kalten Jahreszeit halten sie einen Winterschlaf.

Bei Gefahr versucht der Igel zunächst zu flüchten. Geht das nicht mehr, rollt er sich zu einer Kugel zusammen.

Art Maulwurf

Der Maulwurf hat einen walzenförmigen Körper. Das samtartige Haarkleid sieht schwarz aus. Die Augen sind sehr klein. Mit seinen großen und breiten Vorderfüßen und den starken Nägeln scharrt der Maul-

Abb. 339 Maulwurf

wurf die Erde los. Mit Kopf, Nacken und einer Hand stemmt er sich gegen das Erdreich und befördert es an die Oberfläche, wo wir es als Maulwurfshügel sehen. Die Länge der Erdgänge hängt davon ab, wieviel Nahrungstiere vorhanden sind. Maulwürfe fressen Regenwürmer, Engerlinge und Schnecken, aber niemals Pflanzen.

Jedes Tier hat sein eigenes Nest aus Laub, Moos oder Gras. Maulwürfe bringen 2 bis 7 Junge zur Welt. Diese bleiben sehr lange im Nest und verlassen es erst nach knapp 5 Wochen.

Die Maulwürfe leben in Wiesen, Feldern, am Waldrand und im Laubwald, wo der Boden aus lockerer schwarzer Erde besteht. Der Grundwasserstand muß allerdings niedrig sein.

Artengruppe Spitzmäuse

In unserer Heimat gibt es 8 verschiedene Spitzmausarten. Die kleinste davon ist die Zwergspitzmaus, das kleinste Säugetier, das bei uns lebt. Im Sommer wiegt sie zwischen 3 und 5 Gramm, im Winter noch weniger. Spitzmäuse, sehr lebhafte Tiere, haben einen hohen Nahrungsbedarf. Da ihre Nahrung hauptsächlich aus tierischer Kost besteht, jagen sie ständig.

Bei den Feld- und Hausspitzmäusen gibt es folgende interessante Erscheinung: Wird auf einem Ausflug eine Familie erschreckt, beißt sich ein Junges am Hinterteil des Muttertieres fest, an diesem dann das zweite Junge und so fort. Es bildet sich eine Karawane. Die Karawane läuft im gleichen

Abb. 340 Waldspitzmaus

Schritt schnell über Hindernisse und durch Spalten. In der Nähe des Nestes löst sich die Karawane wieder auf.

Ordnung Fledermäuse

Wie bei den Vögeln sind bei den Fledermäusen die Vordergliedmaßen zu Flügeln umgebildet. Aber beim Fledermausflügel bilden keine Federn die Tragfläche, sondern eine Flughaut. Die Haut umspannt die Knochen des Armes und der stark verlängerten Finger und erstreckt sich zwischen den Vorder- und Hintergliedmaßen und von da aus bis zum Schwanzende.

Fledermäuse, außerordentlich nützliche Säuger, vertilgen viele Insekten, die als Schädlinge in Land- und Forstwirtschaft oder als Überträger von Krankheitserregern auftreten.

Im Winter, wenn die Nahrungsquelle versiegt, halten die Fledermäuse einen Winterschlaf. Dazu finden sie sich an geeigneten

Abb. 341 Mausohr

So kann sich das Tier eine Vorstellung von der Form des Gegenstandes machen. Diese Echolotung erfolgt durch Ultraschall, der von uns Menschen nicht gehört werden kann.

Alle Fledermäuse stehen bei uns unter Naturschutz.

Ordnung Hasenartige

Hasenartige

1	1°
Ohren mit schwarzen Spitzen, Schwanzoberseite schwarz – *Feldhase* (Abb. 343)	Ohren ohne schwarze Spitzen, Schwanz weiß – *Wildkaninchen* (Abb. 342)

Art Wildkaninchen

Das Wildkaninchen wird 40 bis 50 Zentimeter lang. Es besiedelt Waldränder, Bahndämme, Gärten und Parks und bevorzugt

Stellen in größerer Anzahl zusammen. Sie hängen sich mit den Füßen und kopfunter an den Wänden und Decken ihres Überwinterungsplatzes an.

Die Orientierung dieser Dämmerungs- und Nachttiere geschieht auf recht eigenartige Weise. Eine fliegende Fledermaus stößt Rufe aus. Treffen nun die Tonwellen auf ein Hindernis, werden sie zurückgeworfen.

Abb. 342 Wildkaninchen

trockenen Boden. Im Gebirge und auf feuchten Böden kommt es nicht vor.

Kaninchen leben gesellig in Kolonien. Sie graben sich Erdbaue, die gemeinsam angelegt und auch gemeinsam bewohnt werden. Sie ernähren sich nur von Pflanzen und richten Schäden in Gemüsegärten und in der Forstwirtschaft an. Bei Gefahr warnen sich die Tiere gegenseitig, indem sie mit den Hinterfüßen auf den Boden trommeln. Das Signal wird von anderen Tieren der Kolonie weitergegeben.

Vom Wildkaninchen stammt unser Hauskaninchen ab.

Art Feldhase

Der Feldhase ist größer und dunkler braun als das Wildkaninchen, Beine und Ohren sind länger. Die Ohrspitzen haben schwarze Flecken.

Der Feldhase lebt einzeln auf Feldern, Wiesen und im lichten Wald. Drei- bis viermal im Jahr bekommt eine Häsin 2 bis 4 Junge. Sie werden behaart und sehend geboren und sind bald selbständig.

Auf der Flucht bewegen sich Hasen springend fort. Mitten im schnellen Lauf ändern sie plötzlich die Richtung, sie schlagen Haken. Bis 2,5 Meter weit kann ein Hase mit einem Satz springen. In Ruhe hoppelt er dagegen nur. Aber immer setzt er die Hinterfüße vor den Vorderfüßen auf: einen Vorderfuß vor den anderen und davor auf gleicher Höhe die beiden Hinterfüße.

Zu den vielen Feinden der Hasen zählen alle Raubtiere, größere Greifvögel, Wildschweine, Wanderratten und andere.

Abb. 343 Feldhase

Hasen richten in Gärten, auf Feldern und im Forst vielfach Schaden an. Dieser wird jedoch durch ihren jagdwirtschaftlichen Nutzen aufgehoben.

Ordnung Nagetiere

Nagetiere

1	1°
sehr groß, Schwanz breit, platt und mit Schuppen – *Biber* (Abb. 350)	kleiner, Schwanz anders – 2
2	2°
Schwanz buschig – 3	Schwanz nicht buschig – 5
3	3°
Fell rotbraun bis schwarz – *Eichhörnchen* (Abb. 349)	kleiner, Gestalt maus– artig – 4

Abb. 344 Brandmaus

9
schwarzer Strich über den Rücken –
Brandmaus
10
grau –
Hausmaus (Abb. 354)
11
groß, bunt –
Hamster (Abb. 351)

9°
ohne schwarzen Strich über den Rücken – 10
10°
gelblichbraun –
Waldmaus
11°
kleiner, nicht bunt – 12

Abb. 346 Schermaus

4
Oberseite grau, Bauch weiß –
Siebenschläfer (Abb. 357)
5
Schwanz lang – 6
6
groß – 7
7
Schwanz seitlich zusammengedrückt –
Bisamratte (Abb. 352)
8
schwarz oder bräunlich mit grauer Unterseite, lange Ohren –
Hausratte (Abb. 355)

4°
kleiner, Fell gelbbraun –
Haselmaus (Abb. 358)
5°
Schwanz kurz – 11
6°
kleiner – 9
7°
Schwanz rund – 8

8°
braun mit weißer Unterseite, kürzere Ohren, größer –
Wanderratte (Abb. 356)

Abb. 345 Waldmaus

Abb. 347 Rötelmaus

12	12°
Fell rötlich – 13	Fell nicht rötlich – 14
13	13°
groß, Schwanz verhältnis-mäßig lang – *Schermaus*	kleiner, Schwanz verhält-nismäßig kürzer, Oberseite hellrötlich – *Rötelmaus*
14	14°
Schwanz einfarbig – *Feldmaus* (Abb. 353)	Schwanz zweifarbig – *Erdmaus*

Abb. 348 Erdmaus

Art Eichhörnchen

Das Eichhörnchen kommt bei uns in zwei Farbtypen vor, leuchtend rotbraun und dunkel schwarzbraun. Die langen Ohrpinsel trägt es nur im Winter, dann sieht die rotbraune Form auch grauer aus. Als Baumtier klettert das Eichhörnchen hervorragend. Wenn es von Baum zu Baum springt, steuert es mit dem Schwanz. Mit dem Kopf voran läuft es die Baumstämme hinunter. Sein kugeliges Nest, der Kobel, steht meist dicht am Stamm. Es ist innen weich ausgepolstert. An der Seite befindet sich das Schlupfloch. Das Eichhörnchen hält keinen Winterschlaf, aber es bleibt bei schlechtem Wetter oft tagelang im Nest. Es legt auch Wintervorräte an, vergräbt Nüsse oder versteckt sie in Baumhöhlen.

Abb. 349 Eichhörnchen

153

Wie alle Nagetiere hat das Eichhörnchen 2 wurzellose Schneidezähne im Ober- und 2 im Unterkiefer. Das sind die Nagezähne. Sie wachsen ständig nach und schleifen sich gegenseitig ab und scharf. Sie werden nicht nur zum Zerkleinern der Nahrung gebraucht, sondern dienen bei grabenden Arten auch zur Beseitigung von Hindernissen, außerdem sind sie Waffen im Kampf und bei der Verteidigung. Eckzähne fehlen den Nagetieren, die Lückenzähne sind bei den einzelnen Arten in verschiedener Zahl vorhanden oder fehlen ganz. Die Backenzähne, jeweils 3 auf jeder Seite im Ober- und Unterkiefer, sind nicht spitz wie bei den Insektenfressern und Raubtieren, sondern flach und wirken wie zwei Reibplatten.

Art Biber

Biber gibt es bei uns vor allem an der Elbe, aber auch in einigen anderen Gebieten. Bis 1 Meter lang und bis 30 Kilogramm schwer kann der braune Biber werden. Der Schwanz, die graue Kelle, ist breit und abgeplattet. Der Biber bewegt sich an Land nur schwerfällig, im Wasser jedoch sehr gewandt. Sogar unter Wasser schwimmt er ausgezeichnet. Biber leben in Uferhöhlen, sie bauen sich Burgen, Dämme und Kanäle. Der Eingang zur Höhle liegt stets unter Wasser.

Die Hauptnahrung der Biber bildet Rinde von Laubbäumen. Aber sie fressen auch Wasser-, Sumpfpflanzen und Gras. Biber halten keinen Winterschlaf. Für die Winternahrung und als Bauholz fällen sie Bäume. Die orangeroten oberen Schneidezähne bearbeiten den Baum wie ein Hobel. Die Äste der gefällten Bäume werden in 1 bis 2 Meter lange Stücke zerlegt und zum Bau transportiert. Die Schnittstellen sehen wie riesige angespitzte Bleistifte aus.

Biber leben in Familien. Bis zum dritten

Abb. 350 Biber

Abb. 351 Hamster

Iltis und Hermelin, die in den Hamsterbau eindringen, sind die Hauptfeinde des Hamsters.

Art Bisamratte

Die Heimat der Bisamratte ist Nordamerika. Sie wurde Anfang unseres Jahrhunderts in Europa ausgesetzt und hat sich rasch vermehrt und ausgebreitet. Das dunkelbraune Tier von der Größe eines Wildkaninchens hat einen seitlich abgeflachten Ruderschwanz. Die Bisamratte bewohnt Gewässer mit reichem Pflanzenwuchs, schwimmt und taucht sehr gut und gräbt in die Uferwände Erdhöhlen. Durch das Unterwühlen von Dämmen und Deichen kann sie Überschwemmungskatastrophen verursachen.

Art Feldmaus

Feldmäuse werden 9 bis 12 Zentimeter lang. Sie sehen oberseits braun- bis gelblichgrau, an der Unterseite grauweiß aus. Die

Lebensjahr bleiben die Jungen bei den Eltern. Biber können 15 bis 20 Jahre alt werden.

Art Hamster

Der Hamster lebt nur in der Ebene auf Löß- und Lehmböden und kann, wenn er in Massen auftritt, auf Getreidefeldern großen Schaden anrichten. Der buntgefärbte Hamster ist etwa so groß wie ein Meerschweinchen. Die Oberseite sieht gelbbraun, die Unterseite schwarz aus. Am Kopf und an den Körperseiten befinden sich helle gelbweiße Flecken. Es kommen auch Schwärzlinge vor.

Hamster gehen vor allem in der Dämmerung auf Nahrungssuche. Sie graben sich bis 2,5 Meter tiefe Baue. Der Bau hat mehrere Schlupflöcher. Außer der Nestkammer legen die Tiere bis zu 7 Vorratskammern an. Hier hinein tragen sie ihre Vorräte. Ein Hamsterbau kann bis 15 Kilogramm Körner enthalten.

Abb. 352 Bisamratte

Feldmaus ist das häufigste Säugetier, das es bei uns gibt. Sie besiedelt offenes Gelände, ernährt sich von Gras, Kräutern und allen Feldfrüchten, besonders von Getreide, Klee und Mohrrüben. Die Feldmaus zählt zu den gefährlichsten Schädlingen unserer Landwirtschaft. Sie legt weitverzweigte Gänge mit Nest- und Vorratskammern an. Davon führen Ausgänge zur Oberfläche. Den Winter verbringen die Feldmäuse gemeinsam in Winternestern in Scheunen und Getreidemieten.

Abb. 353 Feldmaus

Art Hausmaus

Die Hausmaus hat einen starken muffigen Geruch, den keine andere Maus besitzt. Sie sieht oberseits gelbgrau bis graubraun aus. Die Unterseite ist heller gefärbt. Die Hausmaus wird 8 bis 9 Zentimeter, ihr Schwanz 7 bis 9 Zentimeter lang, und sie hält sich meist in Gebäuden, im Sommer aber auch im Freien auf. Hausmäuse sind anpassungsfähige und vorsichtige Tiere. Sie legen keine Vorräte an, sondern leben unmittelbar an den Nahrungsquellen. Als Allesfresser sind sie nicht auf

Abb. 354 Hausmaus

eine bestimmte Kost angewiesen. Sie vermehren sich sehr rasch und zählen zu den gefährlichen Vorratsschädlingen.

Art Hausratte

Die Hausratte ähnelt der Hausmaus, aber sie ist bedeutend größer und schwerer. Die Hausratte lebt in Gebäuden und ernährt sich von den dort lagernden Vorräten.

Abb. 355 Hausratte

Abb. 356 Wanderratte

Art Wanderratte

Das Rückenfell der 19 bis 27 Zentimeter langen Wanderratte ist braungrau, die Unterseite grauweiß gefärbt. Wanderratten sind überall häufig, und man muß sie bekämpfen, nicht nur, weil sie Vorratsschädlinge sind, sie schädigen auch die kleinen Haustiere. Außerdem übertragen sie Krankheiten, da sie überall, in Kanalisationsröhren, auf Schuttplätzen, in allen möglichen Gebäuden und an anderen Orten herumlaufen.

Art Siebenschläfer

Durch seinen langen buschigen Schwanz ähnelt der Siebenschläfer einem Eichhörnchen. Er ist aber viel kleiner. Die Oberseite des Siebenschläfers sieht gelblichgrau, die Unterseite weiß aus. Er geht vor allem in der Dämmerung und nachts auf Nahrungssuche, so daß man ihn deshalb nur schwer beobachten kann. In Baum- oder Erdhöhlen und in Nistkästen bauen diese Schläfer ein Kugelnest, das außen aus Zweigen besteht und innen mit Laub, Moos und Gras ausgepolstert ist. Die Siebenschläfer halten von Oktober bis Mai einen etwa 7 Monate dauernden Winterschlaf. Ihre Nahrung besteht aus Eicheln, Bucheckern, Obst, Insekten, Jungvögeln und Eiern.

Art Haselmaus

Die Haselmaus ist etwa so groß wie eine Hausmaus. Oberseits sieht sie gelblich rotbraun aus, unterseits jedoch heller. Kehle und Brust sind weiß. Der kurze Schwanz ist dicht behaart. Sie hält sich im

Abb. 357 Siebenschläfer

Abb. 358 Haselmaus

dichten Gebüsch und im Unterholz auf. Bevorzugt werden Haselnußsträucher und dichtes Brombeergestrüpp. Im Sommer baut jedes Tier mehrere Nester in die Sträucher. Sie sind klein und kugelförmig und haben ein seitliches Schlupfloch. Den Winterschlaf halten Haselmäuse in Erdnestern im Laub.

Ordnung Raubtiere

Raubtiere

1
kurzer, runder Kopf –
Wildkatze (Abb. 368)

1°
Kopf lang – 2

2
Größe eines mittleren
Hundes – 3

2°
kleiner – 4

3
Pelz rotbraun –
Fuchs (Abb. 361)

3°
Pelz grau, Kopfzeichnung
schwarzweiß –
Dachs (Abb. 366)

4
Schnauze breit, Füße
mit Schwimmhäuten –
Fischotter (Abb. 367)

4°
Schnauze spitz, Füße ohne
Schwimmhäute – 5

5
Unterseite oder Kehle
weiß – 6

5°
Unterseite oder Kehle
nicht weiß – 8

6
Kehle weiß –
Steinmarder

6°
Unterseite weiß – 7

7
Schwanzspitze schwarz –
Hermelin (Abb. 363)

7°
Schwanzspitze nicht
schwarz –
Mauswiesel (Abb. 364)

8
Kehle gelb –
Baummarder (Abb. 362)

8°
Kehle nicht gelb – 9

9
einfarbig dunkelbraun –
Nerz

9°
Kopf und Körperseiten
hell –
Iltis (Abb. 365)

Abb. 359 Steinmarder

Abb. *360* Nerz

Art Fuchs

Der Fuchs im rotbraunen Pelz hat schwarze Füße und eine weiße Brust. Auch die Ohren sehen außen schwarz aus. Jungfüchse haben ein graues wolliges Fell. Der Fuchs gräbt sich Erdbaue im Wald oder bezieht Dachshöhlen. Manchmal bewohnen Fuchs und Dachs einen gemeinsamen Bau. Der Bau wird oft viele Jahre hindurch benutzt. Alte Baue sind weitverzweigt und haben viele Eingänge.

Der Fuchs jagt hauptsächlich nach Geruch und Gehör. Meist geht er nachts auf Jagd. Den Hauptanteil an seiner Nahrung bilden Mäuse. Hat er Junge im Bau, kommt es oft zu Räubereien an Hausgeflügel. Füchse sind sehr anfällig für die Tollwut. Deshalb muß man sie in Zeiten der Tollwutgefahr verfolgen.

Die räuberische Lebensweise, der Beuteerwerb und die Art der Nahrung haben bei den Raubtieren viele Besonderheiten hervorgebracht. Sehr deutlich zeigt sich das beim Raubtiergebiß, das zum Packen und

Zerreißen der Beute geeignet ist. Die Eckzähne oder Fangzähne ähneln scharfen Dolchen. Die letzten Lücken- und die ersten Backenzähne, die Reißzähne, ragen über die Nachbarzähne hinaus.

Abb. *361* Fuchs

Art Baummarder

Der Baummarder hat die Größe einer Hauskatze, ist aber schlanker und hat einen buschigen Schwanz. Im braunen Fell trägt er einen gelben Kehlfleck. Er kommt nur in großen Waldgebieten vor. Wie das Eichhörnchen, das zu seinen wichtigsten Beutetieren zählt, springt er in großen Sätzen von Baum zu Baum. Außerdem fressen Baummarder auch Mäuse und Vögel und im Herbst Beeren, am liebsten die von der Eberesche.

Abb. 362 Baummarder

obachten. Es klettert und schwimmt gut. Sein Nest baut es unter Reisig- und Steinhaufen. Die Nahrung besteht vorwiegend aus Feldmäusen, Hamstern und Ratten, das Hermelin frißt aber auch Wildkaninchen und Vögel.

Abb. 363 Hermelin

Sommer

Winter

Art Hermelin

Im Winter trägt das Hermelin oder Große Wiesel ein weißes Fell, im Sommer ein braunes mit weißer Unterseite. Nur die Schwanzspitze ist stets schwarz. Sein Lebensraum, vor allem Feldraine, Hecken, Seeufer und Wiesen, dehnt sich oft bis in die Nähe menschlicher Siedlungen aus. Das Große Wiesel können wir auch tagsüber be-

Abb. 364 Mauswiesel

gräbt, oder in Kaninchenbauen. Er frißt kleine Wirbeltiere, besonders Ratten, Vögel, Fische und auch viele Frösche. Manchmal bricht er in Geflügelställe ein und richtet dort erheblichen Schaden an.

Vom Iltis stammt das Frettchen ab, das man zur Jagd abrichtet.

Art Mauswiesel

Das Mauswiesel, das kleinste Raubtier überhaupt, wird 13 bis 27 Zentimeter lang. Das Fell sieht oben braun und unten weiß aus. Das Mauswiesel ernährt sich fast ausschließlich von Mäusen, die es durch einen Biß in den Nacken tötet. Treten Feldmäuse in Massen auf, erhöht sich auch die Anzahl der Mauswiesel. Bei Nahrungsüberfluß stapeln Mauswiesel wie Hermeline die toten Mäuse in Schlupfwinkeln. Im Winter betreiben die Wiesel in Scheunen und Getreidemieten eine besonders erfolgreiche Mäusejagd.

Art Iltis

Der Iltis, kleiner als ein Marder und größer als ein Hermelin, trägt ein auf der Oberseite dunkelbraunes und an der Unterseite schwarzes Fell, er hat ein helles Gesicht mit dunklen Flecken auf der Stirn und um die Augen. Die Weibchen sind kleiner als die Männchen. Der Iltis lebt in der Nähe des Menschen. Er führt eine nächtliche Lebensweise, schwimmt und taucht gut. Sein Nest baut er in Scheunen, unter Reisighaufen, in Erdbauten, die er zum Teil selbst

Abb. 365 Iltis

Art Dachs

Der Dachs hat eine ganz auffallende Färbung. Die Oberseite ist hellgrau, die Unterseite schwarz. Über beide Seiten des schmalen weißen Kopfes verläuft ein schwarzer Streifen. Der Dachs ist ein Sohlengänger und hat starke, lange Krallen an den Zehen. Er gräbt sich seine Erdbaue selbst. Oft leben Dachse viele Generationen lang darin. Sie leben familienweise. Der Dachs hält in seinem Bau keinen echten Winterschlaf, sondern unterbricht seine Winterruhe oft durch kürzere Ausflüge. Er gehört zu den Allesfressern.

Abb. 366 Dachs

zum Beispiel Bisamratten. Fische erbeutet er, indem er sie durch Plätschern ans Ufer jagt. Der Fischotter führt eine nächtliche Lebensweise. Tagsüber sonnt er sich gern am Wasser.

Art Wildkatze

Die Wildkatze sieht ähnlich wie eine graue getigerte Hauskatze aus. Aber sie ist größer und hat einen buschigeren Schwanz mit

Abb. 367 Fischotter

Art Fischotter

Der Fischotter, ein braunes Tier von langer und niedriger Gestalt, hat einen flachen Kopf. Er wird 80 Zentimeter lang, dazu kommt der 35 bis 50 Zentimeter lange Schwanz. Der Fischotter besiedelt stehende und fließende Gewässer mit stark bewachsenen Ufern. Er schwimmt im und unter Wasser ausgezeichnet. Nase und Ohren sind unter Wasser geschlossen. Der dichte und eingefettete Pelz hält die Nässe ab. Zu seiner Nahrung zählen hauptsächlich Fische, daneben aber auch Nager wie

Abb. 368 Wildkatze

schwarzen Ringen. Bei uns gibt es Wildkatzen nur in Thüringen und im Harz. Die Wildkatze frißt hauptsächlich Mäuse. Sie jagt aber auch mittelgroße Säugetiere und Vögel.

Ordnung Paarhufer

Paarhufer

1
Schnauze rüsselartig verlängert, verlängerte Eckzähne –
Wildschwein (Abb. 372)
2
mit Hörnern – 3
3
weißer Rückenfleck, Gehörn stark gebogen –
Mufflon
4
gefleckt, Männchen mit Schaufelgeweih –
Damhirsch (Abb. 371)

1°
Schnauze nicht rüsselartig verlängert, Eckzähne nicht verlängert – 2

2°
mit oder ohne Geweih – 4
3°
ohne weißen Rückenfleck, Gehörn hakenförmig –
Gemse (Abb. 370)
4°
ungefleckt – 5

5
sehr groß, Geweih mit vielen Enden –
Rothirsch (Abb. 373)

5°
kleiner, Geweih höchstens mit 6 Enden –
Reh (Abb. 374)

Abb. 369 Mufflon

Abb. 370 Gemse

Art Rothirsch

Der Rothirsch lebt bei uns in den großen Wäldern. Zur Nahrungssuche, zum Äsen, kommen die Hirsche auf Wiesen und Felder. Sie leben in Rudeln zusammen. Hirsche springen vorzüglich und schwimmen gut. Der männliche Hirsch trägt ein Geweih, der weibliche, Rottier genannt, nicht. Im Sommer sieht ihr Fell rotbraun und glänzend aus. Das längere Winterhaar ist grau

Art Wildschwein

Im Winter haben die Wildschweine zottiges, borstiges, schwarzgraues Haar. Das Sommerhaar dagegen ist kurz und heller. Die Jungen, die Frischlinge, sehen gelb und schwarz längsgestreift aus. Wildschweine, Allesfresser, haben sich auf keine bestimmte Nahrung spezialisiert. Bei den Keilern, den männlichen Wildschweinen, sind die unteren Eckzähne besonders stark entwickelt. Sie stellen eine scharfe Waffe dar. Wildschweine leben in Gemeinschaften, in sogenannten Rotten. Sie lieben Schlammbäder in den Suhlen. Wenn sie flüchten, sind sie ebenso schnell wie die Hirsche. Das weibliche Wildschwein heißt Bache.

Abb. 371 Damhirsch

164

Abb. 372 Wildschwein

Frischlinge

wir Rehen begegnen. Im Sommer haben sie leuchtend rotgelbes Haar, im Winter bräunlichgraues. Die Jungen sind wie bei den Hirschen weißgefleckt. Rehe leben im Winter gemeinsam. Im Sommer halten sie sich einzeln. Nur Mutter- und Jungtier, Ricke und Kitz, bleiben zusammen. Rehe lieben abwechslungsreiche Kost. Sie verursachen keinen Schaden auf den Feldern.

bis graubraun. Das Hirschkalb hat bis zum Herbst ein braunrotes Fell mit runden gelbweißen Flecken.

Art Reh

Das Geweih des Rehbocks heißt bei den Jägern Gehörn. Es hat meist 3 Enden, selten 4 und mehr an jeder Stange. Wie beim Hirsch wird es jedes Jahr abgeworfen und neu gebildet.

Am Waldrand, im Wald, im Bruch, im Rohrgürtel und auf Feldern und Wiesen können

Abb. 373 Rothirsch

Rehkitze darf man auf keinen Fall berühren, weil sie sonst von der Ricke verlassen werden und zugrunde gehen. Findet man ein Rehkitz, muß man sich schnell entfernen, damit das Muttertier wieder zu ihm zurückkommen kann.

Abb. 374 Reh

Verzeichnis der Tiernamen und Gruppenbezeichnungen

Die Ziffern nach den Tiernamen bzw. Gruppenbezeichnungen weisen auf die Seite hin, auf denen Abbildungen, Schlüssel oder Texte zu finden sind

Weiterführende Bestimmungsbücher (Auswahl)

Für alle Gruppen:
Stresemann, E. (1955 bis 1969): Exkursionsfauna (Band 1: Wirbellose I, Band 2: Wirbellose II/1 [Insekten], Band 3: Wirbellose II/2 [Insekten], Band 4: Wirbeltiere) Verlag Volk und Wissen Berlin

Libellen:
Schiemenz, H. (1953): Die Libellen unserer Heimat. Urania-Verlag Jena

Schmetterlinge:
Koch, M. (1955 bis 1961): Wir bestimmen Schmetterlinge. (Band 1: Tagfalter, Band 2: Schwärmer, Bären und Spinner, Band 3: Eulen, Band 4: Spanner). Neumann Verlag Radebeul und Berlin

Vögel:
Makatsch, W. (1966): Wir bestimmen die Vögel Europas. Neumann Verlag Radebeul

Inhalt

Bezug: Breitmeier/Wohlgemuth
Typographie: Armin Wohlgemuth

ISBN 3-358-00279-9

5. Auflage 1987
© DER KINDERBUCHVERLAG BERLIN–DDR 1975
Lizenz-Nr. 304-270/353/87-(140) · Lichtsatz: INTERDRUCK Grafischer Großbetrieb Leipzig-III/18/97
Repro, Druck und buchbinderische Verarbeitung: Grafischer Großbetrieb Sachsendruck Plauen
LSV 7851 · Für Leser von 10 Jahren an · Bestell-Nr. 629 625 7
01680

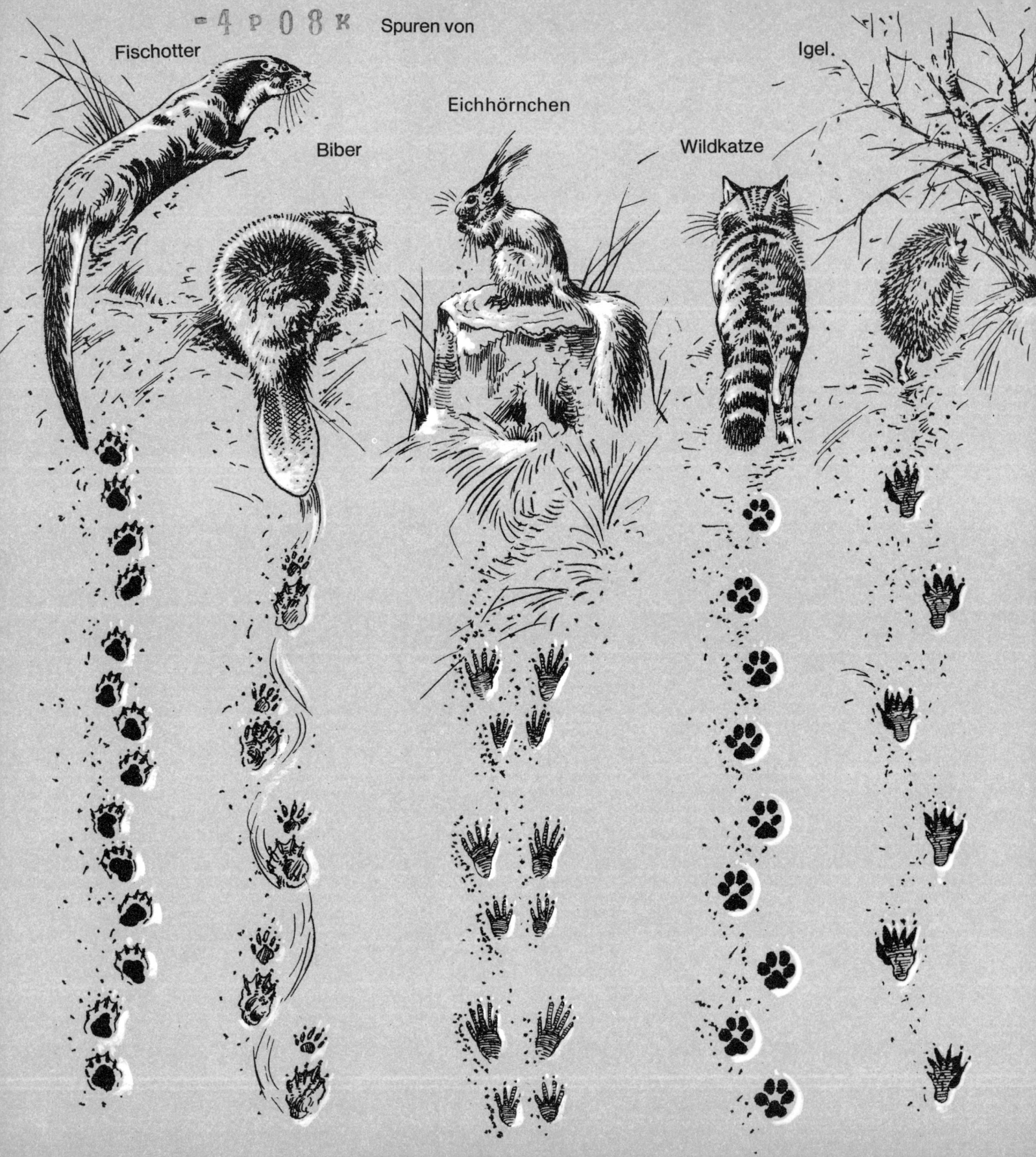

Spuren von

Fischotter

Biber

Eichhörnchen

Wildkatze

Igel.